VRAIE THÉORIE

DES

PARTICIPES.

ERRATUM.

Page 33, lig. 16, *au lieu de* ce, *lisez* et.

IMPRIMERIE DE DUCESSOIS,

QUAI DES AUGUSTINS, 55.

VRAIE THÉORIE

DES

PARTICIPES,

A L'USAGE

DES INSTITUTEURS DU SECOND DEGRÉ.

PAR

TH. DELBARE,

Ancien professeur de l'université.

A PARIS,

CHEZ L'AUTEUR,

RUE DE L'OBSERVANCE, N° 10.

—

1834

VRAIE THÉORIE

DES

PARTICIPES.

———◆◆◆———

NOTIONS PRÉLIMINAIRES SUR LES PARTICIPES.

Pendant long-temps les participes, cette partie si importante du discours, ont occupé et embarrassé les grammairiens. Depuis Vaugelas jusqu'à Court de Gebelin, et depuis ce dernier jusqu'à nos jours, on a discuté et disputé sur l'origine, la nature et les fonctions des participes. Les opinions, après avoir été partagées, semblent aujourd'hui ramenées à des principes plus fixes, et les règles sur cette matière paraissent désormais invariables et à l'abri de toute contestation. Je dis qu'elles paraissent et non pas qu'elles sont. En effet, je lis dans un *manuel des principales difficultés de la langue française*, par M. Vaumène (deuxième édition 1832) les réflexions suivantes sur ce sujet : « Mais quel se-
» cours trouve-t-on dans ces règles ? Il faut l'a-
» vouer, elles offrent tant d'exceptions d'une part,
» et tant d'obscurité de l'autre; nos meilleurs au-
» teurs même sont souvent si dissidens entr'eux
» sur leur application, qu'après les avoirs étudiés

1

» on finit par se trouver plus incertain et par
» conséquent moins avancé qu'auparavant : nous
» en appelons à tous ceux qui ont voulu les suivre
» dans leurs discussions sur cette matière.

« Ecoutons, au reste, les aveux même de ces
» auteurs.

» Le comte Daru, en terminant son intéressante
» et lumineuse dissertation sur les participes, dé-
» clare franchement, à l'égard des difficultés de
» notre langue, qu'il y en a beaucoup *d'insolubles*.

» D'autres ont dit qu'il ne fallait pas toujours
» chercher de raison dans les façons de parler reçues
» par l'usage qui est plus fort que toutes les règles.

» Un lexicographe venu après, et qui a aussi
» traité *ex-professo* des participes, finit également
» par dire, relativement aux difficultés qu'ils
» présentent, qu'il n'y a que la lecture assidue
» des bons auteurs qui puisse donner ce tact qui
» fait rejeter les locutions vicieuses, sans pouvoir
» en assigner clairement les motifs. »

Ces aveux ni cette conclusion ne m'ont arrêté,
et quoique l'entreprise d'un nouveau traité des
participes puisse paraître une tâche inutile ou une
témérité dangereuse, j'ai pensé, au contraire, que
s'il était possible de répandre un jour nouveau sur
un sujet si long-temps débattu; si l'on pouvait
simplifier encore les règles adoptées; si l'on pouvait ramener à deux ou trois lois tous les cas em-
barrassans qu'offrent les participes; si l'on pouvait,
surtout rendre raison de ces lois, et, par ce moyen,
aplanir toutes les difficultés, en ouvrant aux
maîtres et aux élèves une voie sûre et aisée, aux

uns pour enseigner, aux autres pour comprendre, la science grammaticale aurait fait, sous ce rapport, un progrès réel, et celui qui l'aurait fait faire, aurait rendu un service incontestable à ceux qui étudient la langue française. Tel est le double but auquel j'ai osé prétendre, et je crois l'avoir atteint. Je prie le lecteur de me suivre avec attention, pour mieux juger si j'ai réussi.

Le participe, disent nos grammairiens, est ainsi appelé parce qu'il tient de la nature de l'adjectif et de la nature du verbe. L'Académie elle-même a adopté cette définition. Court de Gebelin, dans sa *Grammaire universelle*, l'a combattue; il a trouvé une autre raison de cette dénomination du participe. Selon lui, les adjectifs indiquent des qualités données par la nature ou par l'art, au lieu que les participes indiquent des actions faites et reçues; il aurait pu ajouter, ou des sentimens ou des mouvemens du cœur dont les personnes ou les choses sont les sujets; ou des opérations de l'esprit dirigées sur des objets extérieurs ou physiques, ou sur des objets intellectuels, ou de science ou d'art; tous sujets de ces opérations.

Ainsi les participes *aimant* et *aimé* supposent nécessairement un sujet qui aime et un sujet qui est aimé. *Frappant* suppose un sujet qui frappe, un autre sujet qui est *frappé*; il en est de même de *étudier* une science ou un art. De là l'action des êtres les uns sur les autres, et quelquefois sur eux-mêmes; de là, ce qu'on nomme, en grammaire, la voix active et la voix passive; et les participes sont, tantôt sous l'une, tantôt sous l'autre de ces voix.

Le participe ne tient point de la nature du verbe, quoiqu'il serve à former les temps des verbes. Ici, il faut s'entendre. Le participe ne tient point de la nature du verbe, en ce sens, qu'il ne vient point du verbe et qu'au contraire les verbes viennent de lui ; car c'est le participe qui, tantôt uni, tantôt confondu avec le seul verbe existant par lui-même, a donné naissance aux autres verbes. Ainsi les mots *aimant, frappant, aimé, frappé,* pris isolément, ne sont ni verbes, ni temps de verbe ; ils ne le deviennent qu'au moyen du verbe *être :* il *est aimant,* ou il aime ; il *est frappant,* ou il frappe ; il *est ayant aimé,* ou il a aimé ; il *est ayant frappé,* ou il a frappé. Ainsi une mère tendre, en parlant de son enfant, a dit d'abord *enfant chéri* avant de dire : *mon enfant est chéri;* puis elle a dit : *je suis chérissant mon enfant,* avant de dire : *je chéris mon enfant.* De même l'enfant a commencé par dire : *maman aimée,* avant de dire : *maman est aimée;* comme il a dit encore : *je suis aimant maman,* avant de dire : *j'aime maman.* Je prie le lecteur de remarquer ici que la première proposition que l'homme a pu énoncer, a été une proposition passive : *mon enfant est chéri;* et que pour arriver à la proposition active : *j'aime mon enfant,* il lui a fallu passer encore par la proposition : *je suis aimant mon enfant,* qui conserve encore la forme passive, quoique l'action soit présente. Les actions, les mouvemens, les sentimens, les opérations de la pensée, les manières d'être des personnes et des choses ont été d'abord exprimées par le participe ; puis le mot par excellence, le mot qui subsiste par lui-même, qui lie toutes nos idées entre elles, qui sert à leur manifestation, qui exprime tous les rapports que les êtres ont entre eux, toutes les différences qui les distinguent ou les séparent, le verbe *être*, en un mot, s'unissant au participe, se confondant avec lui, est venu donner naissance à cette foule de verbes dont les langues se sont enrichies. Non seulement le participe a servi à former les verbes; il a servi encore à former leurs modes et les temps de ces modes. Dans la plupart de nos langues modernes, il a emprunté le secours du verbe *avoir*, pour donner plus de rapidité à l'expression de la pensée, et surtout pour indiquer les actions faites dans un temps passé. Mais ce verbe *avoir* n'étant lui-même qu'un composé du verbe *être* et du participe *ayant*, il s'ensuit que le verbe *être* est réellement et constamment toujours uni au participe, dans tous les modes, dans tous les temps des conjugaisons. Qu'on n'oublie pas cette remarque importante, car elle doit nous aider à lever plus d'une difficulté. Par exemple, dans *j'ai aimé*, nous retrouvons le verbe *être*, en disant : *je suis été aimant*. On a supprimé l'*e* de *je* qu'on a remplacé par l'apostrophe '; on a retranché le mot *suis* et les deux premières lettres de *été*, et l'on a placé le dernier *é* à la fin du mot *aimant* dont on a ôté la finale *ant*, le mot *suis* a été remplacé par *ai*, passé du verbe *avoir* qu'on a mis après le mot *j'*ellipsé, et l'on a eu *j'ai aimé*. Dans *j'ai été aimé*, il n'y a d'ellipse qu'en *j'ai* qui est pour *je suis ayant*. On a supprimé l'*e* de *je* qu'on a remplacé par l'apostrophe ' et en ôtant la finale *ant* du mot *ayant*, il est resté *ay*, comme l'écrivaient nos anciens auteurs et comme on le voit encore dans nos vieux livres. On a donc eu : *j'ai été aimé*. L'expression *je suis été* est restée dans la langue italienne où l'on dit : *io sono stato*; elle est restée aussi dans plusieurs de nos provinces de France où l'on dit : *je suis été*, pour *j'ai été*. Les enfans s'en servent naturellement, avant d'être initiés à l'étude de la grammaire. Je pourrais appliquer à d'autres temps de la conjugaison ces exemples d'ellipse, de retranchement et de substitution; mais ceux que je viens de donner suffisent pour faire comprendre comment tous les temps des verbes sont formés du verbe *être* et du participe. Je ferai seulement observer que le participe terminé par *é* paraît être le type primitif du participe *été*, ainsi que des autres participes passés ou passifs; car, suivant la remarque profonde de Court de Gebelin, le souffle qui indique la vie ou la respiration, fortement exprimée, se manifeste par la voyelle *hé* ou *é* surmontée d'un accent très-prononcé; en sorte que l'on peut dire que la voix, la parole ou le discours n'est autre que le souffle de la vie ou la respiration articulée dans le discours, et notée et modulée dans le chant. La voyelle *é* a donc indiqué d'abord celui qui a reçu le souffle ou la respiration, l'*être*, mot dérivant lui-même de cette voyelle prolongée et adoucie par l'articulation. La terminaison du participe *été*, c'est-à-dire de celui qui a reçu le souffle de la vie ou la respiration, a été appliquée aux autres participes indiquant une action reçue, avec une inflexion de voix qui a varié soit en *é* soit en *i* soit en *u*, dans notre langue; soit en *a* soit en *o*, dans d'autres langues ou patois, et a été prise pour le passif et pour le passé. Le mot *ant*, en latin *ens* qui signifie *être*, celui qui souffle, qui respire, a été pris dans un sens actif ou présent; et au lieu de dire l'*étant* on a dit l'*être*. Mais la terminaison *ant* est toujours restée à ce participe et elle a été appliquée à tous les autres participes exprimant une action présente ou actuelle, ou accidentelle. Ainsi l'on voit que le verbe *être* poursuit le participe dans tous ses changemens, dans toutes ses métamorphoses, sous tous ses déguisemens. Il a beau revêtir toutes les formes, ce protée du discours ne peut échapper au mot qui le maîtrise toujours; ou plutôt, disons mieux, le participe dans ses transformations les plus variées, dans ses déguisemens les plus subtils, invoque sans cesse le verbe *être* dont il ne peut se passer, pour donner au discours l'âme, la vie, la rapidité et l'éclat que l'homme cherche constamment à répandre dans le tableau de ses pensées.

Remarquons maintenant que dans la conjugaison passive, le verbe *être*, en s'unissant nécessairement au participe passé, lui imprime la forme du passif, forme qui dans notre langue ne varie que par l'addition d'un *e*, quand il s'agit d'un objet du genre féminin, et d'un *s*, quand il est question de plusieurs masculins ou de plusieurs féminins. De cette légère variation sont nées toutes les difficultés des participes. Les Anglais les ont prévenues, en rendant leurs participes invariables, et c'est peut-être à cause de cela et aussi à cause de la simplicité de leur conjugaison, qu'on a dit que leur langue est plus philosophique que la nôtre. Mais s'il est plus naturel de bien distinguer les êtres et les objets, d'après le genre que la nature ou nos conventions leur ont donné, et d'après le nombre dans lequel ils s'offrent à nous; s'il est plus raisonnable d'observer cette double distinction dans l'expression de nos pensées; si cette classification grammaticale, s'accordant avec celle de la nature ou de la société, prête plus de clarté à nos idées, plus de coloris à nos tableaux, plus de précision à nos discours, il me semble qu'il y a aussi plus de philosophie dans les lois que la grammaire nous a imposées, à cet égard; car ce qui est en harmonie avec la nature, avec l'ordre, avec la raison, est essentiellement philosophique.

Remarquons encore que dans la conjugaison active, le participe en *ant* qui exprime l'action, soit présente, soit passée, soit future, comme *j'aime* pour *je suis aimant;* *j'aimais*, pour *j'étais aimant; j'aimerai,* pour *je serai aimant*, est toujours soumis au verbe *être*, sous quelque déguisement qu'il se présente. D'où il résulte que la voix passive ou d'état est la voix naturelle à tous les êtres de la création, comme nous l'avons déjà indiqué, en parlant du participe terminé en *é*, et que lors même que les êtres se présentent ou qu'on les présente, dans le discours, exerçant le plus grand pouvoir, ou dans l'action la plus directe, ils sont toujours sous l'influence du verbe *être* subsistant par lui-même, comme celui qui a dit en parlant de soi : EGO SUM QUI SUM, *je suis celui qui suis*; c'est-à-dire, source de tous les êtres créés source de toute vie, de toute action, de toute pensée, la parole ou le verbe même.

Qu'on me pardonne cette comparaison, qui n'est peut-être pas hors de mon sujet; je reviens au participe. D'après les remarques que je viens de faire et les observations qui les ont précédées, on comprendra que Court de Gebelin, qui n'a pas toujours mis assez de concision dans ses phrases, ni assez de précision dans ses développemens, ni quelquefois assez de netteté dans ses idées, a eu raison de dire : « Les participes ne vont ni avec
» les adjectifs, ni avec les verbes; ils ne peuvent
» s'expliquer ni par les uns ni par les autres; ils
» ont leur marche propre et unique, des carac-
» tères qui ne se trouvent qu'en eux, qui ne cons-
» tituent qu'eux; qui en font un ordre de mots
» absolument séparés des autres, à tous égards,
» et pour le fond et pour la forme, et même pour
» la manière dont ils s'ellipsent; objet qu'il ne
» faut jamais perdre de vue et qu'on ne met ce-
» pendant pas en ligne de compte. »

Je m'étonne que Court de Gebelin, dont les aperçus sont si fins et si lumineux sur plusieurs points, n'ait pas rencontré la route qui devait le conduire à la solution de toutes les difficultés qu'offrent les participes et se soit contenté de suivre les sentiers battus, où il a pourtant jeté quelque lumière.

CHAPITRE I.

Du participe terminé en ant *ou participe présent.*

Nous venons de voir que le participe en *ant*, qu'on appelle présent, entre toujours dans la composition des verbes actifs, ou plutôt dans la conjugaison active ; nous faisons ici abstraction de ces distinctions de verbes attributifs, adjectifs, pronominaux, neutres, etc., qu'il faut toujours ramener à la conjugaison active, quand ils expriment une action faite, ou à la voix passive, quand ils expriment une action reçue. Condillac avait senti cette vérité, puisqu'il proposait de ne faire d'autre distinction entre tous les verbes que celle de verbes actifs et de verbes d'état. Quand le participe en *ant* se montre seul, il exprime une action qui se fait, ou s'est faite, ou se fera ; ainsi dans ces phrases : *j'ai rencontré des hommes* LISANT ; *j'ai vu cette femme* OBLIGEANT *tout le monde ; si vous êtes un enfant docile, votre mère vous témoignera sa satisfaction en vous* CARESSANT ; les participes *lisant, obligeant, caressant* restent invariables, c'est-à-dire qu'ils ne prennent ni la forme du pluriel, ni celle du féminin, malgré le substantif auquel ils se rapportent. Mais quand le participe en *ant* indique une qualité, un état, une manière d'être, une situation, une habitude ou une action, sans égard au temps où elle se fait, il est alors soumis aux lois de l'adjectif. Ainsi l'on dit et l'on écrit : *des enfans caressans ; des femmes obligeantes ; des eaux dormantes ; les bâtons flottans*

(Fable de la Fontaine); *des étoiles errantes; des liqueurs échauffantes; cette étoffe est approchante de la vôtre;* parce que tous ces participes sont considérés comme indiquant des qualités, ou des états, ou des manières d'être. On dit au contraire : *des voyageurs approchant de la maison,* parce que le participe *approchant* exprime une action présente, au lieu que dans la phrase précédente le mot *approchante* indique une similitude de couleur ou d'étoffe. Opposons d'autres exemples où le même participe en *ant* varie de terminaison.

« Entendez cette mère *criant* après son fils. »

« Nous avons éprouvé une injustice *criante.* »

Dans la première phrase *criant* est une action; dans la seconde, *criante* est une qualité. *Criant* est pour qui crie; *criante* ne peut se rendre de même. Une injustice ne crie pas; elle fait *crier*; elle est criante.

« La Cour royale de Paris *séant* par intérim à Versailles, »

Ou « La Cour royale de Paris *séante* au Palais-de-Justice, »

Ne présentent pas la même idée. Dans le premier cas, la Cour siége par accident, par circonstance, à Versailles; dans le second, elle siége au Palais par habitude. Elle est d'ordinaire *séante* au Palais.

« Les eaux *courant* vers la mer, vont se perdre dans ses abîmes. »

« Les eaux *courantes* sont les plus saines. »

Courant, dans le premier cas, est pour qui courent, et la préposition *vers* indique le but; il y a action présente. Dans le second cas, *courantes* présente l'action de courir comme un état, une manière d'être des eaux, une action continue, sans égard au temps.

Un adverbe de temps, ou de quantité, ou de manière placé après le participe en *ant* lui laisse sa forme active; placé avant, il lui donne la forme passive.

« Ces fleurs renaissant *sans cesse*, nous offrent un printemps éternel. »

« Ces fleurs sans cesse *renaissantes* nous embaument. »

Il y a action présente dans le premier cas; dans le second il y a une action continue qui est une habitude, un état.

« Des débris *flottant* vers la côte, »

Ou « Des débris *flottans* sur la côte, »

N'offrent pas la même idée. La préposition *vers* indique un but comme nous l'avons déjà dit : il y a donc action présente. La préposition *sur*, au contraire, exprime une action vague, sans but direct, une manière, un état.

« Au pied de nos autels, *expirant* dans les flammes, »

Ou

« Dans la flamme étouffés, sous le fer *expirans*, ».

Ne présentent pas non plus la même idée; dans le vers de Voltaire, le mot *expirant* peint une action instantanée. Dans le vers de Racine, le pluriel *expirans* peint un état d'agonie.

Le bon sens, la lecture des bons auteurs, l'exercice du goût font aisément apercevoir toutes ces différences; et les difficultés que présente le participe en *ant*, ne sont pas celles qui doivent le plus nous occuper; elles sont moins nombreuses et moins grandes que celles du participe terminé en *é*.

Mais avant de passer à celles-ci, nous dirons un mot de la dénomination que les grammairiens ont donnée au participe présent, considéré comme adjectif. Je ne sais pourquoi ils lui ont enlevé son nom de participe, pour y substituer celui d'*adjectif verbal*. J'avoue que cette dénomination me paraît aussi impropre que futile. Qu'est-ce qu'un adjectif verbal? Qu'est-ce qu'un mot qui est tout à la fois verbe ou dérivé d'un verbe, et adjectif? Les grammairiens ne reconnaissent qu'un verbe, le verbe *être*. Ce n'est pas de ce verbe que peuvent venir les *adjectifs verbaux*; ce n'est pas non plus des autres verbes qu'ils viennent, puisqu'ils les ont précédés, puisque ces verbes doivent leur origine, leurs formes, leurs diverses terminaisons aux participes en *ant*. Est-ce parce qu'ils sont soumis en certains cas aux lois de l'adjectif? Mais il faudra donner aussi la même dénomination aux participes terminés en *é* qui subissent encore plus souvent la même loi. Est-ce à cause de leur terminaison en *ant?* Mais il y en a beaucoup d'autres qui ont la même terminaison, et que les grammairiens n'ont pu convertir *en adjectifs verbaux*. M. Sauger-Préneuf, dans son ouvrage intitulé: *Connaissance de la Langue française, considérée sous le seul rapport de l'orthographe* (Limoges 1830), cite quarante-deux de ces participes en *ant*, qui se refusent à porter le joug de l'adjectif, sans compter l' *et cetera* qui suit

sa liste. « De quelque manière, dit-il, qu'on les
» employe, ils expriment toujours l'action, et ne
» sauraient, pour ce motif, varier dans leur ter-
» minaison. » Pourquoi donc établir une dénomination générale que tant d'exceptions restrei-
gnent et contredisent? Laissons là les *adjectifs
verbaux* avec le supin et le gérondif que nous
avions empruntés aux latins, et qu'on a aban-
donnés comme inutiles, dans notre grammaire
française.

CHAPITRE II.

Du participe terminé en é, en i, en u, ou participe passé.

Venons maintenant au participe passé, celui
qui a causé pendant long-temps de grands débats
parmi les grammairiens. Il faut convenir que ces
débats n'ont pas été inutiles; ils ont conduit à la
solution de plusieurs difficultés. Mais ils ne les ont
pas toutes levées, ou si elles le paraissent aujour-
d'hui, à l'aide des règles qu'on a établies, ces
règles ne sont pas assez précises, assez clairement
posées pour prévenir tout embarras, pour écarter
toutes les incertitudes. La première règle qui se
présente ne peut souffrir de contradiction et n'en
a éprouvé de personne. « Le participe passé uni
avec le verbe *être*, précédé ou suivi de son régime
ou sujet, est toujours soumis aux lois qui régissent
les adjectifs. » Pourquoi? C'est qu'alors il est employé dans la voix passive; c'est qu'il indique une

action reçue. Ainsi l'on dit : *elle est aimée ; ils sont aimés ; elle est frappée ; ils sont frappés. Aujourd'hui a été célébrée votre fête.*

DEUXIÈME RÈGLE. « Le participe passé, employé avec l'auxiliaire *avoir*, exprimant une action, demeure invariable ou temps de verbe. » Ainsi l'on dit : *elle a frappé, elles ont aimé* ; parce que ces propositions sont des ellipses de celles-ci : *elle a été frappant, elles ont été aimant,* où les participes en *ant* indiquant une action présente, dans un temps passé, doivent rester invariables. Qu'on remarque ici, avant d'aller plus loin, que la règle établie pour le participe présent, va s'appliquer au participe passé. Nous avons vu que toutes les fois que le participe présent exprime une action actuelle ou accidentelle, il reste invariable, et que quand il exprime une qualité, un état, une manière d'être, ou même une action continue sans égard au temps, il prend les formes de l'adjectif. Il en est de même du participe passé ; quand il exprime une action faite il est actif ou temps de verbe ; quand il exprime une action reçue, il est soumis à la loi de l'adjectif. Il s'agit maintenant de connaître et de distinguer les cas où il prend l'une ou l'autre forme de verbe ou d'adjectif.

TROISIÈME RÈGLE. Le participe passé, employé avec l'auxiliaire *avoir*, est soumis à la loi de l'adjectif, quand il est précédé de son régime et d'un pronom qui le représente et les lie tous deux. Dans cette phrase : *ces livres que vous tenez, je les ai lus,* le participe *lu* prend le signe du pluriel. Mais pourquoi, dira-t-on, puisque ce participe indique

une action? Les grammairiens nous répondent que le mot *les*, qui représente le mot *livres*, et qu'ils appellent complément, précédant le participe *lu*, rend ce participe sujet à la loi de l'adjectif. Mais s'il y a une action exprimée et présente, quoique dans un temps passé, pourquoi la place du complément change-t-elle la terminaison du participe? la phrase ne serait-elle pas aussi bien comprise quand le mot *lu* serait sans inflexion plurielle? et d'ailleurs n'est-ce pas répondre à la règle par la règle elle-même, tandis que nous cherchons la raison de la règle? On répond à cette nouvelle demande, que l'usage a établi la loi. Mais l'usage n'est pas toujours une bonne raison. L'usage n'explique rien, quand il n'est pas lui-même motivé. d'Olivet, dans ses *Essais de Grammare*, pages 189 et 190, a cherché cette raison que nous demandons. Ecoutons-le : « Si on de-
» mande, dit-il, pourquoi le participe se décline
» lorsqu'il vient après son régime, et qu'au con-
» traire lorsqu'il le précède, il ne se décline pas;
» je m'imagine qu'en cela, nos Français, sans y
» entendre finesse, n'ont songé qu'à leur plus
» grande commodité. On commence une phrase
» ne sachant pas bien quel substantif viendra en-
» suite. Il est donc plus commode, pour ne pas
» s'enferrer par trop de précipitation, de laisser
» indéclinable un participe dont le substantif
» n'est pas bien énoncé et peut n'être point
» prévu. »

D'après cette raison, si toutefois on peut l'appeler ainsi, il semble que d'Olivet se serait tout

aussi bien accommodé de la déclinaison du participe suivi de son régime, et qu'on aurait pu tout
aussi bien dire : *j'ai lus ces livres, j'ai lue cette bro
chure.*

M. Bescher, dans son *Traité des Participes,*
page 116, non seulement adopte cette raison,
mais il cherche encore à la fortifier en disant :
« En effet, il est mille circonstances où nous
» commençons une phrase, sans que nos idées
» soient arrêtées. Dans ce cas nous employons
» des mots dont la signification, en quelque sorte
» banale, peut s'adapter à toutes sortes de dis-
» cours, et tandis que nous prononçons un mot,
» nos idées se fixent et la phrase s'achève. »

M. Girault Duvivier, dans sa *Grammaire des
Grammaires,* justifie, et d'Olivet et M. Bescher,
par une raison toute aussi concluante : « On a
» donc jugé bien plus simple, dit-il, dans l'in-
» certitude de ce qui peut suivre, de considérer
» le mot comme toujours énoncé dans un sens
» absolu, quand le régime direct ne le précède
» pas. »

Il me semble que ces trois grammairiens ne sont
pas dans la question ; car il s'agissait moins de
justifier l'invariabilité du participe suivi de son
régime, que sa variabilité quand il en est précédé,
et je m'étonne qu'ils n'ayent pas vu que dans le
premier cas, le participe est un temps de verbe, par
conséquent invariable, puisqu'il exprime une action
faite et non une action reçue. Car dans *j'ai lu ces
livres,* c'est moi qui me présente comme ayant agi,
comme ayant lu des livres. S'il est mille circons-

tances où la précipitation et l'incertitude ont pu donner un sens absolu au participe passé, il en est encore davantage où la réflexion a dû le revêtir de la forme qui lui convenait ; car les hommes ne parlent pas toujours avec précipitation, même les Français ; ils ne sont pas toujours incertains sur le substantif qui va suivre le participe qu'ils employent. Il me semble, au contraire, qu'il n'est pas si commun qu'une personne qui commence un discours ou une phrase, ne sache pas ce qu'elle va dire, ni sur quel sujet ou de quel sujet elle va parler. Si cela a lieu quelquefois, ce n'est pas une raison qui ait dû faire loi en grammaire ; car les bons écrivains et les grammairiens n'auraient pas manqué de la rectifier, ou de la changer s'ils l'avaient jugée mauvaise. Or, ils ont trouvé bon que le participe fût invariable quand il est suivi de son régime, et variable quand il en est précédé, puisque les uns l'ont constamment employé, suivant cette règle, et que les autres ont toujours recommandé de l'employer de même. N'est-il pas très-ordinaire, par exemple, d'entendre des personnes peu instruites des règles de la grammaire se servir d'expressions semblables à celle-ci : *la maison qu'il a faite bâtir?* Il y a dans les provinces de France une foule de locutions vicieuses contre lesquelles les grammairiens s'élèvent avec raison, et dont l'usage n'a pu faire loi. Il y a donc une autre raison que l'usage qui a sanctionné l'invariabilité du participe suivi de son régime et sa variabilité, quand il en est précédé. Si cette raison n'a pas été donnée, elle a été sentie. L'instinct guide

et dirige les peuples dans la formation des langues, comme dans les progrès de leur littérature.
De même que les bons écrivains ont d'abord pro-
duit des modèles d'après lesquels on a établi des
règles pour l'art d'écrire ; de même les hommes
les plus éclairés ou les plus civilisés, ou d'un sens
intérieur plus exquis ont adopté un langage, une
manière de parler d'où sont nées les règles de la
grammaire. Ces règles du langage ont suivi le
génie de chaque peuple, et c'est pour cela qu'on
dit communément : *cette manière de parler, ces
tours de phrases sont dans le génie de la langue.*

Cherchons donc cette raison que les grammairiens n'ont pas trouvée. Nous avons dit, en parlant
du participe en *ant*, qu'il exprime toujours une
action et qu'une action suppose nécessairement un
objet sur lequel elle se porte. Quand je dis : *j'aime*
ou *je suis aimant*, mon sentiment a quelqu'un ou
quelque chose pour objet. Cet objet est le sujet de
mon amour ; ce sujet est aimé. Si je dis : *j'aime* ou
je suis aimant ma fille, il faudra que ma fille dise :
je suis aimée de mon père. On voit que le participe
passif *aimé* uni au verbe *être* et s'appliquant à un
objet du genre féminin prend aussitôt sa livrée,
livrée qui le distingue du genre masculin. Nous
avons dit encore que le participe terminé en *é* joint
au verbe *être* forme la voix ou la conjugaison passive. Appliquons maintenant ces règles aux deux
propositions énoncées plus haut : *j'ai lu ces livres.
Ces livres que vous tenez, je les ai lus.* Dans la première, quel sujet se présente le premier ? C'est *je*
ou *moi*. Comment se présente-t-il ? Comme ayant

fait l'action de lire. La proposition est donc sous la voix active. C'est comme si je disais : *je suis ayant lu des livres*. Dans la seconde proposition, quel sujet se présente le premier ? C'est le mot *livres*. Comment est-il présenté ? Comme ayant subi une action, celle d'être *lu*. La proposition, ou plutôt le sujet de la proposition, celui dont il est question, avant tout, est sous la voix passive. Le participe qui exprime l'action qu'il a reçue doit donc être au passif, c'est-à-dire prendre la livrée du sujet auquel il s'applique ; comme ce sujet est masculin et au pluriel, le participe *lu* prend aussi ces deux formes. Dans la première proposition le participe commande ; dans la seconde il obéit. Il est en effet fort différent d'agir ou d'être le sujet d'une action, de frapper, par exemple, ou d'être frappé. Le participe passé ne varie ici que pour marquer cette différence. La proposition est donc passive par rapport au premier sujet *livres*, qui a subi l'action, quoiqu'elle soit ou plutôt parce qu'elle est active, par rapport au second sujet *je* ou *moi*, qui l'a faite. En donnant à la proposition son expression primitive, on aura le même résultat. *Ces livres que vous êtes tenant, je suis ayant eux été lus, ou je suis ayant eux lus.* Au moyen de l'ellipse, de la syncope et du changement du mot *eux* en *les*, j'arrive à l'expression plus rapide *je les ay lus*, par la suppression du mot *suis* et de la finale *ant* dans *ayant* ; et enfin, selon notre orthographe moderne, en substituant l'*i* à *y*, j'écris : *je les ai lus* ; ce qui revient à : *ces livres que vous tenez ont été lus par moi*. De là, la règle générale et unique qui va nous servir à résoudre bien des difficultés, règle qui n'est que le corollaire des règles précédemment établies par tous les grammairiens.

« Tout sujet qui a reçu ou subi une action exprimée par un participe précédé du verbe *avoir*, donne à ce participe la forme adjective quand il est énoncé avant lui, soit par son nom propre, soit par le pronom *le la les*, soit par le conjonctif *que* qui le remplace ou le représente, car alors il est sous la voix passive. Si au contraire ce sujet est après le participe dont il a reçu l'action, ce participe précédé du verbe *avoir* garde sa forme temporelle de verbe; parce que, dans ce cas, le nom ou nominatif qui a fait l'action, se présentant le premier, est sous la voix active. » Développons cette règle par un exemple que nous allons exprimer sous quatre formes différentes.

J'ai lu les livres que vous m'avez prêtés.

Vous m'avez prêté des livres que j'ai lus.

Les livres que vous m'avez prêtés, je les ai lus.

Vous m'avez prêté des livres, je les ai lus.

Ces quatre formes de proposition expriment toutes la même chose; c'est-à-dire que des livres ont été prêtés et ont été lus. Ces livres ont reçu ou subi une double action. Ces quatre formes de proposition peuvent être présentées d'une manière abrégée dans le tableau suivant :

J'ai lu

Les livres que vous m'avez prêtés

Je les ai lus.

Vous m'avez prêté des livres { que j'ai lus.
je *les* ai lus.

Dans la première forme : *j'ai lu les livres*, le pronom *je* se présente comme ayant fait l'action de lire : la phrase est donc active, dans la première partie. Mais dans la seconde partie, *que vous m'avez prêtés*, *que* remplaçant ou représentant le mot *livres* et précédant le participe *prêtés*, s'offre sous la voix passive, puisque les livres ont subi une action. Le participe prend donc la livrée du mot *livres* représentés ou remplacés par *que*.

Dans la seconde forme de proposition : *les livres que vous m'avez prêtes, je les ai lus*, les deux parties de la proposition sont sous la voix passive, parce que le mot *livres*, dans la première, précède le participe *prêtés*, et que le pronom *les*, dans la seconde, représentant ou remplaçant le mot *livres*, précède aussi le participe *lus*; tous les deux ayant reçu une double action sont donc sous la voix passive.

Dans la troisième et la quatrième forme de proposition : *Vous m'avez prêté des livres que j'ai lus* ou *je les ai lus*, le pronom *vous* se présentant, d'abord, comme ayant fait une action, le premier membre de phrase est sous la voix active; mais le second membre est sous la voix passive, parce que le conjonctif *que* ou le pronom *les* qui représente ou remplace le mot *livres*, est sujet du participe *lus* qu'il précède, et lui donne, pour cette raison, sa livrée.

Dans les phrases suivantes :

« La justice et la modération de nos ennemis » nous ont plus *nui* que leur valeur. »

« Plusieurs guerriers ont *cessé* d'être heureux,

» quand ils ont cessé d'être modérés dans leurs
» desirs. »

Qui a fait l'action de nuire dans la première
phrase? La justice et la modération des ennemis.
Qui a fait l'action de *cesser* dans la seconde? Plusieurs guerriers. Les participes *nui* et *cessé* sont
donc invariables; ou pour nous exprimer plus
grammaticalement, les mot *ont nui, ont cessé* étant
ce qu'on appelle des passés indéfinis de l'indicatif
de la voix active, gardent leur forme temporelle de
verbe.

Mais dans les phrases suivantes :

« Les sommes que vous m'avez envoyées. »

« Les fleurs que le jardinier a arrosées. »

« Que de difficultés n'ayez-vous pas rencontrées , »

Qu'est-ce qui a été *envoyé, arrosé, rencontré?*
Les *sommes*, les *fleurs*, les *difficultés*, sujets logiques de ces phrases représentés comme ayant subi
une action, par conséquent sous la voix passive,
puisque les mots *vous* et *jardinier*, seconds sujets
de ces phrases, sont sous le voix active ; *vous*
ayant envoyé des sommes ou ayant rencontré des
difficultés, le *jardinier* ayant arrosé les fleurs. Ces
phrases sont donc passives par rapport à *sommes*,
à *fleurs* et à *difficultés*, et actives par rapport aux
mots *vous* et *jardinier*. Les mots *envoyées, arrosées,
rencontrées* exprimant l'action subie, subissent
eux-mêmes la loi de l'adjectif. Si l'on voulait ramener ces phrases à leur expression primitive, on
aurait :

Les sommes que vous êtes ayant elles été envoyées, ou elles envoyées.

Les fleurs que le jardinier est ayant elles été arrosées, ou elles arrosées.

Que de difficultés n'êtes-vous pas ayant elles été rencontrées, ou elles rencontrées.

Remarquons, ici, en passant, que le mot *que* employé dans les deux premières phrases pour joindre ensemble deux sujets, et que les grammairiens appellent pronom, n'est autre que la conjonction *que* réunie par une ellipse au mot *elles*; comme elle l'est dans cette phrase : *les livres qu'il m'a envoyés*; avec cette différence que *il*, dans cette phrase, désigne la personne qui m'a envoyé les livres, et que dans les deux phrases ci-dessus, *elles* se rapporte aux sommes envoyées, aux fleurs arrosées. C'est pour cela, sans doute, que les grammairiens traduisent ce *que* par *lesquelles*. Mais quel que soit le nom qu'on donne au *que* des phrases en question, il n'en est pas moins vrai qu'il est conjonctif et qu'il est ellipsé, puisqu'il représente la conjonction *que* et le pronom *elles* ou le pronom relatif *lesquelles*. A l'égard de ce pronom relatif *lequel, laquelle, lesquels, lesquelles*, j'ai remarqué que les auteurs de nos anciens mémoires et de nos anciennes traductions l'emploient de préférence au *que il* ou au *que elles*, et qu'ils auraient dit: *les fleurs lesquelles le jardinier a arrosées*; *les livres lesquels il m'a envoyés*; en donnant toujours au participe le genre et le nombre du substantif et du pronom qui les précèdent. Ce n'est qu'à mesure que notre langue s'est perfectionnée, que l'ellipse *qu'il* ou *qu'elle* est devenue d'un usage plus commun.

Poursuivons notre examen, à l'aide de notre règle générale. Les grammairiens disent que pour l'accord du participe passé des verbes pronominaux, on suit la même règle que pour les participes des verbes actifs. Nous dirons, nous, que, sans avoir égard à la dénomination de ces verbes, nous trouvons avec notre règle la solution facile de toutes les difficultés qu'ils pourraient présenter. Deux ou trois exemples suffiront pour cela :

« Que de maux ces jeunes gens se sont *attirés*. »

« Ces jeunes gens se sont *attiré* bien des maux. »

« Combien de services nous nous sommes *rendus*. »

« Nous nous sommes *rendu* bien des services. »

« La querelle que vos frères se sont *cherchée*. »

« Vos frères se sont *cherché* querelle. »

On voit, au premier coup-d'œil, que, dans la première phrase, les maux ont été attirés sur les jeunes gens par les jeunes gens eux-mêmes, et que la phrase est passive, puisque le sujet logique est *maux*. Dans la seconde, le sujet logique est *jeunes gens*, et ces jeunes gens sont représentés comme s'étant attiré ou ayant attiré ou *ayant été attirant* bien des maux à eux. La phrase est active, quoique le verbe *sont* y soit employé. C'est là un des exemples de l'action des êtres sur eux-mêmes, comme nous l'avons dit au commencement. Les autres propositions s'expliquent de même. Les participes *rendu* et *cherché* y sont ou verbes ou

3

adjectifs selon les sujets logiques de la phrase. Il n'y a pas plus de difficulté dans celles-ci :

« Cette maison s'est *bâtie* en deux ans. »

« Ces prés se sont *vendus* bien cher. »

« Les enfans se sont *repentis* de leur étourderie.»

Mais dans la phrase suivante :

« Les soldats se sont moqué de leurs chefs, » je ne mettrai pas *moqués* au pluriel, comme le font les grammairiens, parce que le sujet logique *soldats* n'a pas *éprouvé* ou *subi* la moquerie ; ce sont les chefs qui ont été l'objet de la moquerie des soldats. La phrase est donc active par rapport aux soldats. Je dis de la *maison* qu'elle a été bâtie en deux ans ; des *prés*, qu'ils ont été *vendus* bien cher ; des *enfans*, qu'ils ont été *repentans* de leur étourderie, c'est-à-dire qu'ils ont éprouvé du repentir, le repentir n'étant pas une action, mais un sentiment, une douleur, un état de l'âme. Ainsi *maison*, *prés*, *enfans*, sont sous la voix passive. Mais je ne puis pas dire que les soldats y sont, parce que je ne puis pas dire les soldats *ont été se moquans de leurs chefs*. Se moquer se traduit par *être se moquant*; c'est une action qui se porte sur un sujet. Une personne qui a été *moquée*, qui a été *jouée*, n'est pas dans la même situation que celle qui l'a moquée, qui l'a jouée; cependant c'est les placer toutes deux dans le même état, que de les mettre l'une et l'autre sous la voix passive. Une femme qui dirait : *J'ai été me* MOQUANTE *de lui toute la soirée*, pour *j'ai été me moquant de lui*, commettrait une faute de grammaire. Cependant elle commet la même faute, en disant : *Je me suis moquée de lui*, puisqu'elle se présente sous la voix passive, quand elle a été elle-même très active. Les mêmes grammairiens qui veulent ici la variabilité du participe, veulent qu'il soit invariable dans les phrases suivantes :

« Votre sœur s'est *plu* à me contredire. »

« La vigne s'est *déplu* sur ce coteau. »

« Les enfans se sont *souri*, en revoyant leur mère. »

Si les participes *plu, déplu, souri* indiquent une action, quoiqu'employés avec le verbe *être*, les participes *moqué* et *joué* en indiquent bien une aussi, puisqu'elle se porte sur un sujet. Pourquoi donc ces distinctions, ces exceptions qui se contredisent et qui ne servent qu'à répandre dans la grammaire l'embarras et la confusion? Je sais bien qu'on m'objectera l'usage, mais un usage vicieux, un usage contraire à la règle générale doit-il être si respecté? Je sais bien encore que je ne détruirai pas l'usage; mais il sera du moins constaté que je me suis élevé contre lui, que j'en ai indiqué l'abus, que j'ai prouvé son opposition à la loi qui veut que, dans le discours, tout sujet qui fait ou a fait une action soit placé sous la voix active, et tout sujet qui a subi ou reçu une action, sous la voix passive. C'est une vérité incontestable que tous les êtres animés n'ont que deux manières d'exister, celle d'êtres actifs et celle d'être passifs, et que par analogie ou par métaphore les objets bruts ou inanimés sont représentés sous la même condition. Je le répète, Condillac qui sentait cette vérité, a eu raison de ne vouloir d'autre distinction entre tous nos verbes, que celle de verbes d'action et de verbes d'état. C'est en effet sur cette distinction et sur la loi qui en dérive, qu'est fondée notre théorie des participes.

Qu'on me permette d'insister encore sur cet article, au risque d'être accusé de prolixité. Si l'on peut dire d'une femme qu'*elle s'est moquée de lui toute la soirée*, on pourra dire aussi, comme l'a fait l'auteur du feuilleton d'un journal du 20 août 1833 : *Quand on pense que c'est une main de femme qui a écrit un pareil livre, qui s'est* PLUE *à tracer des peintures hideuses d'immoralité*, et comme l'a fait encore l'auteur du feuilleton du même journal des 16 et 17 août, même année : *Il se faisait dans l'esprit des masses, à cette époque, une réaction contre les idées sanglantes et cruelles qui avaient* PRÉSIDÉES *à toute la terreur.* Nous avons vu, tout à l'heure, que les grammairiens veulent que le participe *plu* soit invariable, et nous n'avons pas besoin de dire que le participe *présidé* employé dans la phrase que nous citons, doit l'être également, puisque ce sont *les idées sanglantes qui avaient présidé à la terreur*, et non qui avaient été présidées. Or le verbe *se moquer* ou *être se moquant* de quelqu'un, est tout aussi actif que les verbes *se plaire* ou *être se plaisant* à faire quelque chose, et *présider* ou *être présidant* à quelque chose, puisque les actions de *se moquer*, de *se plaire*, de *présider* se portent sur un sujet. Je ne sais, du reste, s'il faut attribuer les deux fautes que je relève ici, aux auteurs des feuilletons, ou au prote de l'imprimerie du journal, mais, de quelque part qu'elles viennent, elles ne blessent pas moins les règles de la grammaire. (Voyez à la fin de l'ouvrage la note sur les verbes pronominaux.) Revenons maintenant à notre sujet; avançons vers d'autres prétendues difficultés que nous leverons, d'après la même règle. Le participe est soumis à la loi de l'adjectif, quand il est suivi d'un complément indirect, comme dans ces phrases :

« Les ennemis que j'ai *eus* à combattre. »

« Les leçons que j'ai *eues* à étudier. »

Pourquoi le participe *eu* est-il au pluriel? parce que les mots *ennemis* et *leçons* sont sous la voix passive, quoique *j'ai* soit à la voix active ; car ce sont des ennemis à combattre qui se sont présentés à moi : le verbe *se présenter* est un verbe d'état, bien qu'il suppose une action, un mouvement; mais cette action ou ce mouvement ne se porte point sur un sujet, c'est un état de la personne qui s'offre à vous ; tels que sont les verbes *arriver*, *revenir*, *descendre*, *monter*, *tomber*. Ce sont des *leçons* à étudier qui m'ont été données. On ne peut donc pas mettre indifféremment, comme le permet M. Girault Duvivier, le participe *eu* sous la forme active ou passive.

Quand le participe est suivi du sujet du verbe ou d'un adjectif ou d'un participe passé, il revêt encore la forme passive.

« La justice que vous ont *rendue* vos juges. »

« Les hommes que Dieu a *créés* innocens. »

« L'allée que j'ai *vue* plantée d'arbres. »

Qu'est-ce qui a été rendu? La justice. Qu'est-ce qui a été créé innocent? Les hommes. Qu'est-ce qui a été vu planté d'arbres? L'allée. *Justice*, *hom-*

mes, allée sont présentés sous la voix passive, c'est-à-dire comme sujets d'une action; celle d'avoir été *rendue*, pour la *justice*; celle d'avoir été *créés innocens*, pour les *hommes*; celle d'avoir été *vue plantée d'arbres*, pour l'*allée*. Le participe passé est au contraire sous la voix active, ou temps de verbe, quand il est précédé d'un complément dont la préposition est sous-entendue.

« Les jours qu'a *vécu* cette princesse ont tous été marqués par des actes de bienfaisance. »

C'est-à-dire les jours pendant lesquels a vécu cette princesse.

« Toutes les années qu'a *duré* notre amitié se sont écoulées avec trop de rapidité. »

C'est-à-dire toutes les années pendant lesquelles a duré notre amitié. Ces phrases sont à la voix active, parce que c'est la princesse qui a vécu; c'est notre amitié qui a duré. *Les jours*, qui précèdent le mot *princesse*, *toutes les années*, qui précèdent les mots *notre amitié*, ne changent rien à la forme; ils ne servent qu'à exprimer le temps de l'action de *vivre* et de *durer*.

Le mot *en* pronom ou adverbe de lieu ne change rien non plus à la forme passive du participe passé qu'il précède. Ainsi, J.-J. Rousseau a dit :

« Son administration ne répondit pas aux espérances qu'on en avait *conçues*. »

Delille a dit aussi :

« Cette description est fort supérieure aux imitations qu'on en a *faites*. »

Racine a dit de même :

« Sur le même trône on me verrait placée,
« Par le même tyran qui m'en aurait *chassée*. »

Mais le pronom *en* fait prendre la forme active au participe, lorsqu'en parlant de livres on dit :

« J'en ai acheté. »

De tableaux :

« Tu en as marchandé. »

De leçons :

« Il en a récité. »

De lettres :

« Vous vous en êtes écrit. »

Dans les trois premiers exemples, *conçues faites, chassée* sont sous la voix passive, parce que les sujets de la phrase sont présentés comme ayant reçu ou pu recevoir une action. Dans les quatre dernières propositions, les mots *acheté, marchandé, récité, écrit*, expriment des actions faites, par les sujets de ces propositions, car les livres dont il est question ne sont pas ceux qu'on a achetés, ni les tableaux ceux qu'on a marchandés ; les leçons dont on parle ne sont pas celles qu'on a récitées, ni les lettres, celles qu'on a écrites; mais on a *acheté* d'autres livres, *marchandé* d'autres tableaux, *récité* d'autres leçons, *écrit* d'autres lettres, et c'est ce qu'indique le pronom *en*. Par conséquent le participe garde sa forme temporelle.

Si je disais, en parlant d'une maison de campagne :

« Votre sœur en est *revenue*, »

Le participe *revenue* prendrait la voix passive parce que le verbe revenir, bien qu'il exprime une action, n'est cependant qu'un verbe d'état, puisque l'action de revenir ne se porte pas sur un sujet, et qu'elle n'est que l'action propre du sujet qui la fait, le participe prend donc la forme passive; l'adverbe de lieu *en* n'influe ici en rien sur cette forme.

Dans les phrases suivantes :

« La montre dont je me suis *défait* ne valait rien. »

« Cette montre ne valait rien, je m'en suis *défait*. »

Les pronoms *dont* et *en* quoiqu'ils précèdent le participe et remplacent ou représentent le mot *montre*, ne donnent pas sa livrée au participe *défait*, parce que l'action de *se défaire* ne s'est pas portée sur la montre, mais sur *je* ou *moi*. Une femme dirait : *je m'en suis défaite*, comme étant elle-même sujet de l'action *défaite*.

— Les adverbes de comparaison et ceux de quantité n'apportent pas plus de changement au participe passé qu'ils suivent ou précèdent. Ainsi l'Académie a dit :

« J'ai perdu plus de pistoles que vous n'en avez *gagné*. »

M. Bescher a dit de même :

« Vous possédez autant de qualités que votre frère en a *montré*. »

MM. Noël et Chapsal ont dit aussi :

« Il m'a promis moins de services qu'il ne m'en a *rendu*. »

Pourquoi les participes *gagné*, *montré*, *rendu* gardent-ils leur forme temporelle? Parce que les sujets de ces phrases sont présentés comme ayant *gagné*, *montré*, *rendu*, par conséquent ils sont actifs. On aperçoit la même raison dans les phrases suivantes , où en parlant de pleurs, on dit :

« Combien j'en ai *versé!* »

De fautes :

« Combien n'en avez-vous pas *fait?* »

De pertes :

« Que nous en avons *éprouvé!* »

De batailles :

« Autant ce général en a livré, autant il en a *gagné.* »

De faveurs :

« Moins il en a recherché, plus il en a *obtenu.* »

Tous les participes de ces phrases sont des temps de verbe, parce qu'ils se rapportent aux sujets qui ont fait l'action que ces participes expriment, ce que le pronom *en* qui les précède indique seulement et ne remplace pas les sujets de l'action.

Mais voici de plus grandes difficultés. Si le participe passé est immédiatement suivi d'un verbe à l'infinitif ou d'un infinitif précédé d'une préposition, que ferons-nous? Nous examinerons toujours sous quelle voix est le sujet qui précède le participe. Si l'infinitif le présente comme agissant ou ayant déjà subi une action, le participe sera passif. Si au contraire l'infinitif présente le sujet comme recevant ou devant recevoir une action ou un état, le participe sera actif. Expliquons ceci par des exemples :

« La dame que j'ai *entendue* chanter. »

« L'ariette que j'ai *entendu* chanter. »

Dans le premier exemple, c'est la dame qui

chantait; dans la seconde, c'est l'ariette qui était chantée. Or la dame qui chantait a été entendue par moi. L'ariette qui était chantée, a bien aussi été entendue par moi, mais c'était quelqu'un qui la chantait, que j'ai entendu. Il y a donc ici une ellipse, ou un mot nécessairement sous-entendu; car une ariette ne chante pas, et le verbe chanter, qui est un verbe actif, ne peut pas être employé dans un sens passif. Il faut absolument sous-entendre un sujet qui agissait, c'est-à-dire qui chantait. Les grammairiens ont eu raison de dire que dans le premier cas, l'infinitif *chanter* est un complément qui dépend du participe, et que dans le second cas, il n'en dépend point; mais ils n'ont pas dit pourquoi; car il est pourtant vrai que l'ariette a été entendue par moi, *être chantée*, que, par conséquent, on pourrait, à la rigueur, regarder l'infinitif *chanter*, dans le sens passif d'*être chantée*, comme complément du participe. Mais les grammairiens n'ayant pas dit qu'il y a là une ellipse, un mot sous-entendu, un second sujet, semblent avoir mieux aimé laisser croire que le verbe *chanter* et autres infinitifs actifs peuvent se prendre dans un sens passif, ce qui doit jeter dans l'embarras tous ceux qui étudient la grammaire; ce qui semble aussi contredire cette règle générale des grammairiens, « quand le complément ou » régime du participe le précède, il y a accord; quand il est après il n'y a plus d'accord; » car dans cette phrase *l'ariette que j'ai entendu chanter*, le mot *ariette* étant le seul sujet exprimé et précédant le participe, doit en être regardé comme le complément, si l'on n'a pas soin d'avertir qu'il y a un autre sujet sous-entendu, sur lequel s'est portée l'action d'entendre. L'erreur est d'autant plus excusable, qu'on peut bien dire qu'une ariette chantée a été entendue. Si je dis : *l'ariette que j'ai entendu votre sœur chanter, est fort belle*, il n'y a point de doute, d'incertitude. *Entendu* est actif, parce que c'est moi qui ai entendu votre sœur qui chantait. Il y a dans cette phrase deux sujets, l'ariette dont je veux parler, qui est le sujet premier ou principal, et votre sœur, sujet secondaire, mais pourtant nécessaire, sur lequel s'est portée mon action d'entendre. On peut même dire qu'il y a trois sujets dans la phrase : moi, l'ariette et votre sœur. Or, la phrase est active par rapport à moi qui ai entendu votre sœur et l'ariette. Elle est active et passive par rapport à votre sœur qui chantait, et qui a été entendue chantant. Elle n'est passive, par rapport à l'ariette, que par le jugement que j'en porte, quoique l'ariette ait été entendue par moi, et chantée par votre sœur. Si, dans cette phrase, je supprime les mots *votre sœur*, je reproduis la phrase : *l'ariette que j'ai entendu chanter*, sans rien changer à la forme du participe, parce qu'il y a nécessairement ou *votre sœur* ou le nom de quelqu'autre personne de sous-entendu, et qui chantait l'ariette. Cette explication s'applique à tous les exemples semblables :

« La comédie que j'ai *vu* jouer. »

« Les lettres que j'ai *vu* écrire. »

« La femme que j'ai *vu* peindre. »

(Si on la peignait; autrement je dirais : que j'ai *vue*, si c'était elle qui peignait.)

« Les nouvelles que nous avons *entendu* lire. »

« Les victimes qu'on a *laissé* égorger. »

« Les fruits qu'on a *laissé* manger. »

Dans tous ces cas, et j'en pourrais citer une foule d'autres semblables, le participe est actif ou temps de verbe, parce qu'il y a un second sujet ellipsé sur lequel l'action de *voir*, d'*entendre*, de *laisser*, s'est portée. Aucun grammairien n'a fait remarquer cette ellipse.

C'est peut-être pour ne l'avoir pas vue ou pour l'avoir négligée que tous ont déclaré que le participe *fait*, immédiatement suivi d'un verbe à l'infinitif, en était inséparable et ne faisait qu'un avec lui. Pour moi, je ne puis me ranger à cet avis. Le participe *fait* est employé en tant d'acceptions différentes, que je ne puis me résoudre à le regarder comme s'identifiant avec le premier infinitif qu'il rencontre. En effet, tantôt il exprime un ordre ou un commandement; tantôt il désigne un agent mis en œuvre; tantôt il suppose des conseils ou des remontrances, ou des motifs de persuasion; tantôt il est le résultat du crédit, ou de l'autorité, ou de l'influence, etc. Il y a donc toujours, entre ce participe et l'infinitif qui l'accompagne, un agent intermédiaire, ou physique, ou moral, qui s'oppose à cette identité prétendue, qui donne des nuances différentes au sens dans lequel ces deux mots sont employés. Par exemple, dans cette phrase : *L'armée que le général a fait sortir de ses lignes*, le sens du mot *fait* n'est pas le même que dans celle-ci : *Votre mère ne voulait pas vous voir, je l'y ai fait consentir*. Dans la première phrase le mot *fait* veut dire que le général a donné des ordres pour que l'armée sortît de ses lignes; dans la seconde, il indique que mes observations ou mes exhortations ont eu assez de force pour décider votre mère à vous voir. Dans cette autre phrase : *La maison que j'ai fait bâtir*, le sens du mot *fait* est fort différent de celui qu'il a dans la suivante : *Cette dame s'est présentée à la porte, je l'ai fait entrer*. Dans l'une, il suppose nécessairement des ouvriers que j'ai employés et payés; dans l'autre, qu'il y avait des obstacles qui s'opposaient à l'entrée de la dame, et que, par mon crédit et mon autorité, je les ai levés. Loin que ces exemples détruisent la règle que nous avons établie plus haut, que le participe est actif, quand l'infinitif qui le suit présente le sujet comme recevant ou devant recevoir une action, et qu'il est passif, quand l'infinitif présente le sujet comme agissant, ils servent au contraire à la confirmer, car bien que les infinitifs *sortir, bâtir, consentir, entrer*, des phrases ci-dessus, expriment une action, cependant comme cette action n'a pas été faite immédiatement par le sujet principal, mais au moyen d'agens intermédiaires sous-entendus, ce sujet est considéré comme ayant reçu d'eux son action ou son état. En effet, l'armée n'est sortie de ces lignes qu'en vertu des ordres qui lui ont été donnés. La maison n'a été bâtie que par les ouvriers que j'ai employés. Votre mère ne s'est décidée à vous voir que par suite de mes observations ou de mes exhortations. Cette dame n'est entrée qu'à l'aide de mon crédit ou de mon autorité. Tous ces exemples rentrent donc dans celui-ci : *L'ariette que j'ai entendu chanter.*

— Nous avons dit aussi que si l'infinitif qui suit immédiatement le participe présente le sujet comme devant recevoir une action, le participe doit être à la voix active, comme dans cette phrase :

« Les vérités qu'ils ont *cru* utile de publier, »

C'est-à-dire devoir être publiées. *Ont cru* garde ici sa forme temporelle, parce que ce ne sont pas les vérités qui ont été crues; mais *ils* ou *eux* qui ont cru utile de les publier. On peut traduire de même cette phrase de Cicéron tirée de ses lettres familières, liv. II, à App. Pulcher : *ex iis litteris quas in senatu recitari desiderasti. D'après les lettres que tu as recommandé de lire au sénat.* Ce n'est pas les lettres qui sont recommandées par Pulcher, mais la lecture des lettres. Le prétérit *desiderasti* est conservé dans la phrase française, parce que l'infinitif *recitari* du latin, est au passif, et que, dans le français, où il est à l'actif, on sous-entend que quelqu'un doit lire les lettres ou qu'elles doivent *être lues* au sénat.

— Mais revenons au participe suivi d'un infinitif qui exprime l'action du sujet qui le précède. Quelques exemples suffiront pour faire comprendre la règle.

« Les soldats que j'ai *vus* partir. »

« Vous nous avez *entendus* louer les enfans studieux. »

« Ce sont des espérances qu'ils ont *crues* devoir
se réaliser. »

« Les enfans que j'ai *laissés* manger. »

« Cette dame s'est présentée à la porte, je l'ai
laissée entrer. »

Dans tous ces cas, le participe est à la voix passive, parce que les soldats ont été *vus* partant ;
nous avons été *entendus* louant les enfans studieux ;
des espérances ont été *crues* devoir se réaliser ; les
enfans ont été *laissés* mangeant ; cette dame a été
laissée entrant.

Remarquons ici, à l'égard du verbe *laisser*, que
Wailly et Condillac voulaient que son participe
passé joint à un infinitif, fût comme le participe
fait inséparable de cet infinitif, mais que les autres
grammairiens et l'Académie l'ont considéré,
comme formant une idée distincte du verbe qui le
suit, et comme « offrant un moyen clair de rendre
par des signes différens des idées d'une nature
toutes différente. » C'est M. Sanger-Préneuf qui
me fournit cette observation que j'ai faite, sinon
dans les mêmes termes, du moins avec autant de
raison, pour le participe *fait*. J'ajouterai encore
une remarque sur l'emploi de ces deux participes
et sur le sens différent qu'ils présentent. Si je dis :

« Cette dame s'est présentée à la porte, je l'ai
laissée entrer, »

Je donne à entendre qu'il n'a dépendu que de
moi qu'elle entrât. Je l'ai *laissée* libre d'entrer,
je l'ai donc *laissée* entrant.

Mais si je dis : *je l'ai fait entrer*, je fais naître
l'idée qu'il y avait des obstacles à son entrée ;

que ces obstacles ne venaient pas de moi; mais que, par mon crédit ou par d'autres moyens, soit de prière, soit de persuasion, j'ai levé ces obstacles; en un mot j'a fait en sorte qu'elle entrât; *je l'ai fait entrer*. Il est bien évident qu'il y a eu ici action de ma part. Je n'énonce pas dans ma phrase comment je m'y suis pris pour la faire entrer, je fais seulement entendre que j'ai agi pour cela et qu'il y a eu un intervalle, entre l'arrivée de cette dame à la porte, et son entrée ou son action d'entrer. Cet intervalle a été rempli par l'action que j'ai faite moi-même, par le mouvement que je me suis donné pour qu'elle entrât. On ne peut pas dire je l'ai *faite* entrant, parce que cette manière de s'exprimer ne serait ni claire, ni juste, ni correcte. Il faut donc convenir que *fait entrer* n'est pas une expression identique, puisque ces deux mots, quoique joints ensemble, présentent deux actions différentes; la mienne d'abord, puis celle de la dame qui n'a pu agir ou entrer que par mon moyen, et qu'on peut considérer comme étant sous la voix passive. Qu'on me pardonne d'être revenu sur ce sujet et de m'y être si longuement étendu. Mais j'avais besoin de justifier une opinion qui est contraire à celle de tous les grammairiens. J'aime mieux d'ailleurs être surabondamment compris que de ne l'être pas assez.

— Quand le participe passé est joint à l'infinitif par une préposition, comme nous l'avons vu plus haut, il faut examiner si le sujet qui précède est ou n'est pas à la voix active. Dans les exemples suivans:

0

« Les soldats que j'ai *contraints* de marcher. »

« Les projets que nous avons *formés* d'étudier. »

« Le mauvais temps nous a *empêchés* de continuer notre voyage. »

« Ils se sont *chargés* d'instruire les peuples. »

« Les robes qu'elle a *envoyées* à teindre. »

« Les personnes qu'on a *engagées* à s'asseoir. »

Les participes sont au passif parce que ce sont les *soldats* qui ont été *contraints* de marcher; les *projets d'étudier* qui ont été *formés*; *nous*, qui avons été *empêchés* de continuer notre voyage; *eux* ou *ils*, qui se sont *chargés* d'instruire les peuples; les *robes*, qui ont été *envoyées* à teindre; les personnes qui ont été *engagées* à s'asseoir. Dans les exemples suivans, au contraire :

« Les devoirs que je vous ai *ordonné* de corriger. »

« Les paysages que j'ai *commencé* à dessiner. »

« Il se trouva hors de la route qu'il avait *résolu* de suivre. »

« Les malheurs que vous avez *contribué* à accroître. »

« Les vols qu'on a *cherché* vainement à arrêter. »

Les mots *devoirs*, *paysages*, *route*, *malheurs*, *vols* ne sont pas sous la voix passive, quoiqu'ils soient les sujets premiers des phrases citées, et devant des temps de verbe formés par des participes, car ce n'est pas sur eux que l'action de ces verbes s'est portée. C'est moi qui vous ai ordonné de corriger des devoirs; c'est moi qui ai commencé à dessiner des paysages ; c'est *il* ou *lui* qui avait résolu de suivre la route hors de laquelle

il se trouva; c'est *vous* qui avez contribué à accroître les malheurs. C'est *on* ou la police, qui a
cherché vainement à arrêter les vols. On ne peut
donc pas dire : les devoirs ont été *ordonnés* de
corriger; les paysages ont été *commencés* à dessiner; la route avait été *résolue* de suivre, les
malheurs ont été *contribués* à accroître; les vols
ont été *cherchés* à arrêter.

Quand le participe a pour complément un
infinitif sous-entendu ou une proposition non
exprimée, comme dans ces phrases :

« N'est-il pas louable d'avoir cherché les plus
noires couleurs qu'il a *pu*, pour donner de l'hor-
reur d'un si détestable abus? » (Arnauld.)

« S'il avait demandé M. de Fontenelle pour
examinateur, je lui aurais fait tous les vers qu'il
aurait *voulu*. » (Voltaire.)

« Pour sauver cet accusé on n'a pas fait toutes
les démarches qu'on aurait *dû*. »

Comme on ne peut pas dire les plus noires couleurs qui ont été *pues*, mais qu'il a pu *chercher*;
ni les vers qui auraient été *voulus*, mais qu'il aurait *voulu que je lui fisse*; ni toutes les démarches
qui auraient été *dues*, mais qu'on aurait *dû faire*,
les participes *pu*, *voulu* et *dû* doivent rester à
l'actif.

Dans les phrases qui suivent, au contraire,

« Il veut fortement toutes les choses qu'il a une
fois *voulues*. »

« Il n'a point encore renoncé à la place qu'il a
désirée. »

« J'ai fait toutes les démarches que mes parens m'ont *permises*. »

« Elle m'a toujours payé exactement les sommes qu'elle m'a dues. »

Les participes *voulues, désirée, permises, dues* sont au passif, parce que les choses ont été *voulues*; la place a été *désirée*; les démarches ont été *permises*; les sommes ont été *dues*; et qu'il n'y a dans ces phrases ni infinitif, ni proposition sous-entendus.

— *Le peu* joint à un substantif soit singulier, soit pluriel, et précédant le participe, est toujours sous la voix passive, et par conséquent y place le participe; mais il est tantôt masculin, tantôt féminin; il est toujours masculin quand il désigne le défaut total, le manque absolu de la chose dont on parle, ou du substantif auquel il est joint, ou le trop petit nombre de personnes ou de choses. Mais quand il exprime une petite quantité ou un petit nombre de la chose dont on parle ou du substantif qui le suit, et que ce petit nombre est suffisant, il en prend le genre et le nombre et il les donne au participe.

Les grammairiens me paraissent se tromper, quand ils disent que le participe varie lorsqu'il est précédé de *le peu* exprimant une petite quantité, et invariable, quand il exprime un défaut total. Dans ce dernier cas il n'est point invariable, il est substantif masculin puisqu'il exprime un manque, un défaut total ou un trop petit nombre, et qu'il soumet le participe à son genre. Il paraît invariable parce qu'il est toujours singulier et masculin; mais il ne l'est pas réellement.

« Le peu de troupes qu'il a *rassemblées* ont tenu ferme. » (Marmontel.)

« Elle regagne par une course rapide le peu de momens qu'elle a *perdus.* » (Fontenelle.)

« Le peu de bienveillance que vous lui avez *témoignée*, a suffi pour lui rendre le courage. »

« Le peu de liqueur qu'elle a *bue* l'a incommodée. »

« Le peu d'expérience que j'ai *acquise* m'a été fort utile. »

Les participes *rassemblées, perdus, témoignée, bue, acquise* suivent dans ces phrases le genre et le nombre des substantifs précédés de *le peu*. Ces deux mots s'identifient donc avec ces substantifs, parce qu'ils expriment ou un petit nombre suffisant ou une petite quantité suffisante des personnes ou des choses dont il est question.

Mais quand *le peu* est employé par ménagement ou pour éviter la dureté d'une expression qui pourrait blesser l'amour-propre, comme le dit M. Sanger; quand *le peu* indique, en un mot, le manque absolu d'une qualité, ou le trop petit nombre, alors il devient masculin et singulier, nonobstant le genre ou le nombre du substantif qu'il précède; le participe qui suit ce substantif prend la livrée du masculin *le peu*, et n'est pas invariable comme le prétendent tous les grammairiens. Le participe est toujours fidèle à la règle générale que nous avons établie. Ainsi dans ces cas :

« Le peu d'affection que vous m'avez *témoigné* m'a rendu insensible à vos malheurs. »

« Le peu d'exactitude que j'ai *trouvé* dans vos devoirs est une preuve de votre négligence. »

« Le peu de troupes qu'il a *rassemblé* a été cause de sa défaite. »

« Le peu de momens que vous avez *donné* à l'étude est cause de votre ignorance. »

Le peu est, comme dans les exemples précédens, sous la voix passive, parce que c'est le manque d'affection qui a été *témoigné*; c'est le manque d'exactitude qui a été *trouvé*; c'est le manque de troupes nécessaire ou le trop peu de troupes qui a été *rassemblé*; c'est le manque de momens ou le trop petit nombre de momens qui a été *donné* à l'étude. Or, le manque ou le trop petit nombre étant masculin et au singulier le participe y est aussi; il n'est pas invariable, il n'est pas sous la forme temporelle du parfait.

— Je ne m'arrêterai pas long-temps sur la prétendue difficulté du participe passé entre deux *que*. Il est bien évident que dans ces phrases :

« La résolution que vous avez *cru* que je prendrais. »

« Les secours que vous avez *pensé* que je pourrais vous donner, »

Cru et *pensé* ne sont point soumis, l'un à *résolution*, l'autre à *secours*, et qu'ils gardent leur forme temporelle de prétérit; car ce n'est pas la résolution qui a été *crue* ni les secours qui ont été *pensés*. Mais c'est *vous* qui avez cru que je prendrais la résolution; c'est *vous* qui avez pensé que je pourrais vous donner des secours. Toutefois il est des cas où le participe passé, placé entre deux *que*, peut varier, comme dans les exemples suivans :

« L'accueil gracieux qu'il nous a *prévenus* qu'il nous ferait. »

« La punition que le maître vous a *avertis* qu'il vous infligerait. »

Ici les pronoms *nous* et *vous* qui précèdent le participe, sont eux-mêmes précédés d'un pronom ou d'un nom qui a agi sur eux et qui les place sous la voix passive, car *nous* avons été *prévenus* par *il*; *vous* avez été *avertis* par le maître. Les participes doivent donc être sous la voix passive.

— Il me semble encore que les grammairiens se trompent lorsqu'ils disent que le participe est invariable quand il est précédé du pronom elliptique *l'* représentant *ceci, cela*, puisque le pronom elliptique *l'* est masculin, car le mot pronom est de ce genre. Le participe qui le suit doit être aussi au masculin, mais non pas invariable. Citons des exemples :

« Votre sœur n'est pas aussi prudente que je me l'étais imaginé. »

Ce n'est pas votre sœur que je m'étais imaginée, je m'étais imaginé qu'elle était plus prudente. Or, elle n'est pas aussi prudente que je m'étais imaginé qu'elle l'était, ou que je m'étais imaginé *cela*, ou que je me l'étais imaginé. Le mot *cela* remplace une phrase entière. Je ne dirai pas avec M. Sauger : Or, une phrase n'ayant ni genre ni nombre, le participe doit rester invariable, c'est-à-dire au

masculin singulier ; car je tomberais en contradiction, puisque quand le participe est invariable il
reste temps de verbe, et qu'alors il n'est ni masculin ni féminin. Mais je dirai le mot *cela* ou le
pronom elliptique *l'* étant du genre masculin, et
cela ayant été imaginé par moi, le participe *imaginé*
prend la livrée du pronom elliptique *l'*.

On appliquera le même raisonnement aux
phrases qui suivent :

« Ces jeunes gens ne sont pas aussi sages que
nous l'avions *pensé*.

« Sa vertu était aussi pure qu'on l'avait *cru*
jusqu'alors. » (Vertot.)

« Triomphez, hommes lâches et cruels, votre
victoire est plus grande que vous ne l'avez *cru*. »

Dans la première phrase, il faut entendre ces
mots : que *cela* avait été *pensé* par nous ; dans la
seconde : que *cela* avait été *cru* jusqu'alors ; dans
la troisième : que *cela* avait été *cru* par vous.

Quand le pronom elliptique *l'* représente des
personnes ou des choses et qu'il n'est pas pris pour
cela, le participe qui le suit prend la livrée des
personnes ou des choses que *l'* représente, et ceci
confirme ce que nous avons dit tout-à-l'heure.
Ainsi on fait accorder le participe dans les phrases :

« Cette ville est toujours la même que je l'ai
vue. »

« Cet homme est toujours tel que je l'ai *connu*. »

« Cette histoire est telle qu'on nous l'a ra-
contée. »

C'est comme si l'on disait dans le premier cas :
La même que je suis ayant elle vue ou *que j'ai elle*

vue; dans le second : *Tel que je suis ayant lui connu* ou *que j'ai lui connu;* dans la troisième : *Telle qu'on est ayant elle racontée* ou *qu'on a elle racontée.*

Le participe des verbes *coûter* et *valoir* est actif quand il signifie être acheté ou être d'un certain prix, comme dans cette phrase :

« Les cent écus que ces livres m'ont *coûté.* »

Je puis dire que ces livres ont été *coûtant* à moi; or, le participe présent étant actif, le participe passé l'est aussi.

« Cette maison ne vaut plus les trente mille fr. qu'elle a *coûté;* elles les aurait *valu* si on en eût pris soin. »

Je puis dire encore : qu'*elle a été coûtant; elle serait les valant.* Je laisse donc à *valu* sa forme temporelle comme à *coûté,* parce qu'on ne peut pas dire dans le premier cas ont été coûtés, ni dans le second *a été coûtée, serait value.* Mais si coûter signifie *exiger, causer, occasionner,* et si *valoir* est pris pour *procurer, rapporter, produire,* le participe précédé de son sujet devient passif.

« Que de soins m'eût coûtés cette tête charmante ! » (Racine.)

Coûtés signifie ici *exigés.*

« Il mérite surtout les pleurs qu'il m'a *coûtés.* » (Voltaire.)

Coûtés veut dire ici causés.

« Vous ne sauriez croire les saluts que m'a *valus* la place dont le roi m'a honoré. »

« Les secours que cette quête a *valus* aux pauvres. »

Valus dans le premier cas est pour *procurés*; dans le second il est pris dans le sens de *rapporter*.

Les verbes actifs dont l'action se réfléchit sur le sujet lui-même et les verbes d'état quand ils sont pris dans un sens actif, suivent la même règle générale.

« Ces demoiselles se sont *déplu* dans leur pension. »

« Les enfans se sont *souri* en revoyant leur mère. »

« Ces dames se sont *suffi* à elles-mêmes. »

Quoique ces phrases paraissent passives à cause du verbe *être* qui y est employé, elles expriment cependant une action. Car les demoiselles ont pris leur pension en dégoût, en déplaisir, elles s'y sont *déplu*. La déplaisance est bien un mouvement de l'âme, une action intérieure et pénible de la personne sur elle-même. Les enfans se sont *souri*, c'est-à-dire ont *souri* l'un à l'autre. Ces dames se sont *suffi* à elles-mêmes; c'est-à-dire qu'elles ont *suffi* à leurs besoins, qu'elles ont su y pourvoir avec le peu qu'elles avaient.

— Le participe *eu* suivi d'un autre participe passé doit-il être variable, comme le veulent la plupart des grammairiens, ou invariable comme quelques-uns le soutiennent? Appliquons encore ici notre règle et levons l'incertitude. Si je dis en parlant de lettres,

« Quand je les ai *eu* lues, je les lui ai renvoyées, »

Qu'est-ce que j'exprime par les mots *ai eu?* Le temps où j'ai fait cette lecture. Le participe *eu* n'a donc rapport qu'au temps de la lecture et non à l'action elle-même de la lecture. Il est identique avec le mot *ai*, puisque tous deux réunis forment le passé indéfini du verbe avoir. Or, ce passé indéfini, suivant l'expression primitive, est l'ellipse de *je suis ayant eu*. Si le participe *eu* n'était suivi d'aucun mot, il signifierait posséder quelque chose, et cette chose précédant les mots *ai eu* donnerait sa livrée au participe *eu*. Mais ici, il ne peut prendre la livrée du sujet qui le précéde ni du participe qui le suit, puisqu'il sert à désigner une époque et qu'il est temps de verbe, comme il le serait si je disais : *Quand j'ai eu lu ces lettres*, ou *quand ces lettres ont eu été lues*, manière de parler qui n'est pas en usage et qui pourtant serait plus exacte. Dans cette dernière manière de parler, le participe *eu* ne peut pas prendre la voie passive, parce qu'il ne se rapporte point à *lettres*, mais au temps où elles ont été lues. Je dirai donc et j'écrirai, avec raison, en parlant de livres :

« Quand je les aurai *eu* achetés. »

En parlant de présens,

« Si je les avais *eu* reçus. »

En parlant de devoirs,

« Quand je les ai *eu* terminés. »

Les mots *aurai eu*, *avais eu*, *ai eu* sont inséparables et forment ensemble un temps du verbe *avoir*.

— Il nous reste à parler du pronom *il* suivi d'un participe pris d'un verbe improprement appelé impersonnel, ou d'un verbe employé impersonnellement, suivant la manière de parler des grammairiens. Avant d'aller plus loin, nous remarquerons, en passant, que Condillac a eu raison de blâmer la dénomination de *verbe impersonnel*, pour désigner un verbe qui n'admet que la troisième personne du singulier. Il me semble qu'on devrait nommer ces sortes de verbes, *verbes à une seule personne* ou *uni-verbes*, en sous-entendant le mot latin *personœ*, datif de *persona*. Cette dénomination n'aurait rien de choquant en français et elle serait plus juste et plus aisément comprise.

Revenons au pronom *il* employé dans les phrases suivantes :

« Les troupes qu'*il* a fallu pour faire le siège de cette ville. »

« Les pierres qu'*il* a plu en Normandie. »

« La grande sécheresse qu'*il* a fait. »

« Les neiges qu'*il* y a *eu*. »

« *Il* est *arrivé* de grands malheurs. »

« *Il* est tombé une grande quantité de feuilles. »

« Quels avantages en est-*il* résulté ? »

« *Il* s'est glissé une faute grave dans cet ouvrage. »

« *Il* s'est opéré de grands changemens dans nos mœurs. »

Dirons-nous que le participe qui suit le pronom *il*, dans toutes ces phrases, est invariable, comme le disent les grammairiens? Mais il faudrait dire pourquoi employé avec le verbe *être*, il est aussi invariable qu'employé avec le verbe *avoir*, ces deux verbes exprimant deux manières d'être différentes, l'un une action reçue ou un état, l'autre une action faite. La raison serait difficile à trouver. Elle est bien plus aisée et surtout bien plus naturelle, en disant que le pronom *il* employé avec le verbe *être* est un pronom masculin et que le participe qui le suit prend la voix passive au masculin ; et que, quand il est employé avec le verbe *avoir*, le participe qui le suit prend la forme de ce verbe, parce que le verbe *avoir* indique une action faite. Ainsi : *les troupes qu'il a fallu*, est pour, le nombre de troupes qu'il a *fallu* réunir ; *falloir* exprime une nécessité d'action, ou de réunion de troupes. *Les pierres qu'il a plu*, est pour, *il a plu* des pierres, c'est la même manière de s'exprimer que quand on dit *il a plu*. *La grande sécheresse qu'il a fait* et non pas *faite*, est pour, il a fait une grande sécheresse. La sécheresse ne se fait pas, c'est la saison, ou le temps, ou l'été qui cause une grande sécheresse. *Les neiges qu'il y a eu*, est pour, il y a eu des neiges, ou l'air froid a amené, a fait tomber des neiges. Dans les phrases où le pronom *il* est suivi du verbe *être*, il est masculin et passif. Ainsi, dans *il est arrivé de grands malheurs*, *est arrivé* exprime non une action, mais un état, c'est pour de grands malheurs sont arrivés. *Il est tombé une grande quantité de feuilles* est pour, une grande quantité de feuilles est tombée ou sont tombées. *Quels avantages en est-il résulté?* est pour, quels avantages sont résultés de *cela*. Et ainsi des autres phrases semblables où le pronom *il* masculin singulier suivi du verbe *être* fait la fonction d'un substantif masculin singulier. Ces manières de parler sont des idiotismes ou des expressions elliptiques dont chaque langue offre des exemples.

— Dans les phrases suivantes ·

« C'est un des meilleurs livres que j'aie *lus*. »

« C'est un des meilleurs médecins que j'ai *con-sulté*. »

Le participe *lus* est au pluriel parce que ce sont plusieurs livres que j'ai lus, et que celui dont je parle est un des meilleurs. Le participe *consulté* est au masculin singulier, parce que c'est un seul des meilleurs médecins que j'ai consulté. Dans la première phrase le verbe *avoir* doit être au passé absolu du subjonctif, dans la seconde, il doit être au passé indéfini de l'indicatif.

Cependant on peut et on doit se servir du passé indéfini de l'indicatif dans cette phrase : « Monsieur est un de mes voisins que j'ai avertis de ce qui se passait dans la rue, » parce qu'il n'a pas été le seul, mais un de ceux que j'ai avertis, et que le sens de la phrase ne présente pas un sens aussi absolu que dans celle-ci : *C'est un des meilleurs livres que j'aie lus*.

Le participe passé précédé de deux substantifs liés entre eux par une des expressions suivantes : *comme, de même que, aussi bien que, moins que, plus que, non plus que, plutôt que*, prend la livrée du premier substantif.

« C'est moins votre intérêt que votre félicité qu'il a *eu* en vue. »

Ce qui équivaut à cette phrase :

Il a eu en vue moins votre intérêt que votre félicité.

« C'est sa gloire plus que le bonheur de la nation qu'il a ambitionnée. »

Ce qui équivaut à cette phrase :

« Il a ambitionné sa gloire plus que le bonheur de la nation. »

— Résumons maintenant tout ce que nous avons dit sur les participes, et offrons aux jeunes gens qui ne pourraient pas encore comprendre; les raisons des règles que nous avons établies, une récapitulation des cas qu'elles servent à résoudre et à expliquer.

Participe présent, ou terminé en ant.

1° Quand il se montre seul, il exprime une action qui se fait ou s'est faite ou se fera, et alors il est actif ou invariable.

« J'ai rencontré des dames *causant*. »

(Voy. p. 10.)

2° Quand il indique un état, une manière d'être, une situation, ou une action continue, sans égard au temps où elle se fait, il est soumis aux lois de l'adjectif.

« Des mères caressantes. »

« Des eaux dormantes. »

(Voy. pag. 10.)

3° Un adverbe de temps ou de quantité ou de manière placé après le participe en *ant*, lui laisse sa forme active; placé avant, il lui donne la forme passive.

« Les fleurs sans cesse *renaissantes*. »

« Les fleurs *renaissant* sans cesse. »

(Voy. pag. 12.)

4° La préposition qui suit un participe en *ant*, quand elle indique un but, une direction, laisse le participe à l'actif; quand elle exprime une action vague sans but déterminé, ou une situation, elle le met sous la voix passive.

« Des débris flottant vers la côte. »

« Des débris flottans sur la côte. »

(Voy. pag. 11.)

Participe passé, ou terminé en é, en i ou en u.

1º Le participe passé joint à l'auxiliaire *être* est toujours soumis à la loi de l'adjectif, que son régime ou sujet le suive ou le précède.

« Cette époque mémorable est célébrée tous les ans. »

« Tous les ans est célébrée cette époque mémorable. »   (Voy. pag. 14.)

2º Règle générale :

Le participe passé joint avec l'auxiliaire *avoir*, est pris pour verbe quand il précède son régime ou sujet; mais quand il en est précédé, si le régime ou sujet a subi l'action indiquée par le participe, celui-ci est soumis à la loi de l'adjectif; si au contraire le régime a fait l'action, le participe est actif ou verbe, ou temps de verbe.

(Voy. pag. 15 et suiv.)

Cas où le participe passé, précédé de l'auxiliaire avoir, prend la forme adjective, parce qu'il exprime une action reçue.

1ᵉʳ Cas. Le participe précédé d'un sujet et d'un pronom qui le représente, et le lie à lui, est soumis à la loi de l'adjectif :

« Ces nouvelles, je les ai apprises hier. »

Ce sont les nouvelles, sujet du participe, qui ont été apprises.   (Voy. pag. 21.)

2e Cas. Précédé des mots *le peu* signifiant une petite quantité, un petit nombre, et *le peu* prenant le genre et le nombre du substantif qui le suit, le participe est soumis à la loi de l'adjectif ; quand *le peu* indique défaut d'une chose ou d'une qualité, ou le trop petit nombre de personnes ou de choses, il est masculin et le participe est soumis à la même loi.

« Le peu d'expérience que j'ai *acquise* m'a été très-utile. »

« Le peu d'habileté que le général a montré dans cette affaire, nous a été funeste. »

(Voy. pag. 43.)

3e Cas. Lorsque placé entre deux *que,* le premier *que* est suivi d'un nom ou pronom qui agit sur le nom ou pronom dont le participe est immédiatement précédé :

« La récompense que notre mère nous a *prévenus* qu'elle nous donnerait. »

(Voy. pag. 45.)

4e Cas. Quand le participe est précédé du pronom elliptique *l'* représentant des personnes ou des choses et non des qualités :

« Cette dame est moins belle que je ne l'ai *vue* il y a dix ans. »   (Voy. pag. 47.)

5e Cas. Quand le participe est suivi d'un complément indirect, ou du sujet du verbe, ou d'un adjectif, ou d'un participe passif :

« Les devoirs que j'ai *eus* à remplir. »

« Les gages que lui a *refusés* son maître. »

« Les animaux que la nature a *créés* méchans. »

« Les arbres que j'ai *vus* abattus. »

(Voy. pag. 29.)

6ᵉ Cas. Quand le participe est immédiatement suivi d'un infinitif exprimant l'action du sujet qui qui le précède :

« L'actrice que j'ai *vue* jouer. »

(Voy. pag. 38.)

7ᵉ Cas. Quand il est joint à un infinitif par une préposition, et que cet infinitif se rapporte au sujet :

« Les troupes qu'il a *forcées* de marcher. »

(Voy. pag. 40.)

8ᵉ Cas. Quand il est pris d'un verbe appelé pronominal, c'est-à-dire d'un verbe précédé d'un pronom personnel et que le sujet le précède, pourvu que ce verbe exprime une action reçue ou un état.

Les affaires que cet homme s'est *attirées.* »

(Voy. pag. 25.)

9ᵉ Cas. Quand il est pris du verbe *coûter* signifiant exiger, causer, occasionner; ou du verbe *valoir*, signifiant procurer, rapporter, produire :

« Les peines que ce procès m'a *coûtées.* »

Les honneurs que cette place lui a *valus.* »

(Voy. pag. 48.)

10ᵉ Cas. Le mot *en* soit pronom, soit adverbe de lieu, ne change jamais la voix passive du participe :

« Si fiers de ce haut rang, ils en ont été *chassés.*»

« Les détails de cet événement ne s'accordent pas avec ceux qu'on m'en a faits. » (Voy. pag. 30.)

11e Cas. Le participe précédé du pronom *il* et du verbe *être*, est passif et s'accorde avec le pronom masculin.

« *Il s'est glissé* de grandes fautes dans cet ouvrage. »   (Voy. pag. 51.)

12. Cas. *Un de*, *une de*, *un des*, *une des*, précédant le participe passé, lui donne la forme adjective, soit au singulier, soit au pluriel, suivant le sens qu'on a à exprimer :

« C'est un des meilleurs avocats que j'aie *consultés.* »

Le participe est ici au pluriel parce que ce sont les meilleurs avocats qui ont été consultés, et le verbe *avoir* est au passé absolu du subjonctif.

« C'est une de mes voisines que j'ai *avertie* de ce qui se passait. »

Avertie est ici au singulier parce que c'est la seule de mes voisines que j'aie avertie, et le verbe *avoir* est au passé indéfini de l'indicatif.

On dira pourtant, en se servant de ce même passé de l'indicatif, et en mettant le participe au pluriel,

« C'est un des meilleurs médecins que j'ai consultés , »

Parce que j'ai consulté les meilleurs médecins et que celui dont je parle est du nombre. Mais le sens de la phrase n'est pas aussi absolu que si je disais : C'est un des meilleurs médecins que j'aie consultés ou que j'aie jamais consultés.

(Voy. pag. 53.)

13e Cas. Le participe passé, précédé de deux substantifs liés entre eux par une des expressions suivantes : *Comme, de même que, aussi bien que, moins que, plus que, non plus que, plutôt que,* s'accorde avec le premier substantif :

« C'est moins votre félicité que son intérêt qu'il a *eue* en vue. »

« C'est le bonheur de la nation plus que sa propre gloire qu'il a ambitionné. »

(Voy. pag. 53.)

Cas où le participe passé uni avec l'auxiliaire AVOIR *est un temps de verbe ou sous la voix active.*

1er Cas. Quand il est suivi d'un régime ou sujet :

« J'ai *cueilli* de belles fleurs. »   (Voy. p. 15.)

2e Cas. Quand il est précédé d'un sujet et d'un pronom qui le joint à lui, et que ce sujet a fait l'action qu'il exprime :

« Ces amis qui ont *passé* chez moi. »

(Voy. pag. 15.)

3e Cas. Quand il est pris d'un des verbes appelés pronominaux qui, bien que le verbe *être* entre dans leur formation, expriment une action faite, et si le sujet est avant le participe :

« Votre ami s'est *attiré* une méchante affaire. »

(Voy. pag. 25.)

4e Cas. Quand il est précédé d'un complément dont la préposition est sous-entendue :

« Le temps qu'elle a *passé* ici m'a été fort agréable. » (Voy. pag. 30.)

5e Cas. Les adverbes de comparaison et ceux de quantité ne changent point la forme temporelle du participe, soit qu'ils le suivent, soit qu'il le précède :

« Il a perdu plus d'écus que je n'en ai *gagné.* » (Voy. pag. 32.)

6e Cas. Le pronom *en* ne change pas non plus la voix du participe, il sert à l'indiquer :

« Vous me parlez de pertes ; combien j'en ai éprouvé! » (Voy. pag. 33.)

7e Cas. Lorsque précédé de son sujet et du conjonctif *que*, il est suivi d'un infinitif exprimant une action faite ou devant se faire par un sujet sous-entendu :

« La tragédie que j'ai *vu* jouer. » (Voy. pag. 34.)

Le participe *fait* suivi d'un infinitif n'est point identique avec lui, comme on l'a dit, parce qu'il indique toujours un agent intermédiaire entre lui et l'infinitif :

« Les habits que j'ai *fait* faire. » (Voy. pag. 36.)

8e Cas. Quand il a pour complément un infinitif sous-entendu ou une proposition non-exprimée.

« Je lui ai rendu tous les services que j'ai *pu.* » (Voy. pag. 42·)

9e. Cas. Quand il est entre deux *que* dont le premier est suivi d'un nom ou d'un pronom qui a fait l'action exprimée par le participe :

« Il n'a pas pris la route que j'avais *cru* qu'il prendrait. »   (Voy. pag. 45.)

10e Cas. Lorsqu'il est précédé du pronom elliptique *l'* exprimant *ceci*, *cela*.

« Elles n'ont pas été aussi raisonnables que je l'avais pensé. »   (Voy. pag. 47.)

11e Cas. Lorsqu'il est pris des verbes coûter ou *valoir* signifiant être acheté un certain prix, ou être d'une certaine valeur :

« Les sommes que ces livres m'ont *coûté*. »

« Les écus que cet ouvrage m'a *valu*. »

(Voy. pag. 40.)

12e Cas. Lorsqu'il est pris de verbes neutres, employés comme verbes pronominaux, ou de verbes précédés d'un pronom personnel :

« Elle s'est *plu* à lui faire du bien. »

(Voy. pag. 27.)

13e Cas. Le participe *eu* suivi d'un participe passé passif, garde son temps de verbe avec l'auxiliaire *avoir*, et ne doit pas prendre la livrée du sujet :

« La gazette que j'ai *eu* lue avant que vous l'ayez fait demander. »   (Voy. pag. 50.)

14e Cas. Le participe précédé du pronom *il* et du verbe *avoir* est actif, et garde sa forme temporelle :

« La gelée qu'*il a fait* a détruit une partie de la récolte. »   (Voy. pag. 51.)

15e Cas. Le participe passé précédé de *un de*, *une de*, garde sa forme temporelle dans les phrases suivantes qui sont actives :

« C'est une de mes amies qui m'a *prévenu* de votre arrivée. »

« Fléchier est un de nos orateurs qui a le plu
répandu d'antithèses dans ses discours. »
« Buffon est un de nos auteurs qui *ont* le plu
soigné leur style. »

Remarques sur les verbes pronominaux.

Rien de plus arbitraire et de moins exact que
la classification des verbes appelés pronominaux
par les grammairiens. Parmi ces verbes ils ont
distingué ceux qui sont pronominaux *accidentel-
lement* et ceux qui le sont *essentiellement.* Ils disent
que le pronom qui précède immédiatement un des
verbes de la première espèce, est complément
direct ou indirect du verbe, suivant que ce verbe
est actif ou neutre. Ainsi, dans *se tuer, se flatter,
se féliciter, se vanter,* se est complément direct,
parce qu'il signifie *soi : tuer soi, flatter soi, féliciter
soi, vanter soi.* Dans ces verbes l'action se porte
sur soi-même. *Se* est donc le sujet de ces verbes,
mais dans *se nuire, se plaire, se persuader, se succéder,* se, disent les grammairiens, est complément indirect parce qu'il signifie à *soi.* Qu'en-
tend-on ici par complément indirect? veut-on
dire que l'action de *nuire,* de *plaire,* de *persuader,*
de *succéder,* ne se porte pas directement sur *se,*
et que *se* ou *à soi* n'est pas le sujet de ces verbes?
La préposition *à* empêche-t-elle que l'action soit
directe sur *se?* Il y a ici confusion. *Nuire,* par
exemple, n'exige-t-il pas la préposition *à?* ne
dit-on pas nuire à quelqu'un? L'action de nuire ne

porte-elle pas directement sur *quelqu'un?* Or, *se
nuire* ne veut-il pas dire qu'on nuit à soi-même en
faisant telle ou telle chose? l'action de nuire porte
donc sur *se. Se* est donc sujet ou complément du
verbe nuire. A l'égard de *plaire* ne dit-on pas aussi
plaire à quelqu'un? c'est-à-dire inspirer du plaisir
à quelqu'un, soit par des qualités physiques ou
morales, soit par des actions? Mais peut-on dire
de même et dans le même sens *plaire à soi?* Je ne
le crois pas. Se plaire à faire quelque chose n'exprime pas la même idée que plaire à quelqu'un.
On n'inspire pas du plaisir à soi-même, mais on
prend ou l'on trouve du plaisir à faire une chose.
Le mot *plaire* n'a donc pas le même sens dans les
deux cas, puisque dans l'un on inspire, on donne
comme naturellement du plaisir, et que dans
l'autre on le cherche, on le trouve, ou si l'on
veut, on le prend. Plaire à quelqu'un est un verbe
actif, puisque l'action de plaire se porte sur un
sujet. Se plaire à quelque chose, est également
verbe actif puisque le plaisir qu'on éprouve est le
résultat de l'action que l'on fait. Mais se plaire au
spectacle, au bal, à la campagne, est un verbe
d'état, parce que le plaisir qu'on éprouve ne résulte pas d'une action, mais des lieux où l'on est.
Le verbe *persuader* offre également des différences. On persuade une chose à quelqu'un;
on persuade quelqu'un de faire une chose. On
persuade soi-même d'une chose. Mais persuade-
t-on à soi une chose? Il me semble que *se persuader* ne peut pas s'entendre par *persuader à soi.*
Se succéder ne peut être employé pour une seule

personne, on ne succède pas à soi-même. On
succède à quelqu'un. Ainsi l'on dit : ils se sont
succédés pour ils ont succédé l'un à l'autre. Suc
céder est ici un verbe actif. *Succéder* veut dire
venir après quelqu'un, prendre la place de quel
qu'un qui l'a quittée. c'est donc une action, quoi
qu'on ne puisse pas dire je suis succédé, mais bien,
telle personne m'a succédé ou a succédé à moi.

Passons aux verbes essentiellement pronominaux. Le second pronom qui précède ces verbes,
disent les grammairiens, est toujours complément
direct, c'est-à-dire apparemment sujet de ces
verbes. En effet, dans *s'abstenir*, *s'accouder*, *s'accroupir*, *s'adonner* et autres verbes d'état précédés
de *se*, le pronom *se* est seul sujet du verbe, car
s'abstenir, est pour retenir soi de faire une chose,
s'accouder, c'est accouder soi, *s'accroupir*, accroupir soi, *s'adonner*, adonner ou livrer soi. Mais
peut-on en dire autant des verbes *s'emparer*, *se
méfier*, *se moquer*, *se jouer*, que je trouve dans
une liste de verbes essentiellement pronominaux,
donnée par des grammairiens? Ces verbes n'indi-
quent-ils pas une action qui se porte sur un sujet?
on s'empare d'une ville, d'un camp, d'un bien,
d'une personne; on se méfie de quelqu'un, de
quelque chose, on se moque, on se joue de quelqu'un, de quelque chose ; on se divertit aussi aux
dépens de quelqu'un. Ces verbes expriment donc
une action faite et un sujet autre que soi qui la
reçoit : ces verbes ne sont donc pas neutres ou
d'état; d'où nous devons conclure que les classi-
fications, les divisions faites par les grammairiens,

au lieu de jeter du jour sur la science ne servent souvent qu'a y répandre de l'obscurité et de la confusion.

Il me semble qu'on pourrait, suivant le vœu de Condillac et de M. Sauger-Préneuf, donner des verbes une idée plus précise, une définition plus juste, en adoptant une classification plus exacte et plus simple que celle qui est reçue aujourd'hui. Voici celle que je proposerais :

Verbes d'action et verbes d'état.

Les verbes d'action sont ou *directs* ou *prépositifs*. Ils sont directs quand l'action qu'ils expriment porte immédiatement sur le sujet : comme, *j'aime ma fille, il a loué son ami, il étudie la grammaire.* Les verbes actifs directs peuvent toujours se changer en verbes passifs.

Les verbes d'action sont prépositifs quand l'action qu'ils expriment ne se porte sur le sujet qu'à l'aide d'une préposition : comme, *Cette dame plaît à tous ceux qui la connaissent. Il a nui à son ami. J'ai conseillé à votre fils de vous voir. J'ai pardonné à mon ennemi. Elle a persuadé à son frère qu'elle était innocente.* Nous remarquerons à l'égard des verbes d'action prépositifs, qu'ils se conjuguent presque tous avec le verbe *avoir*, et que le participe en est toujours invariable. M. Sauger donne une liste de quatre-vingt-dix participes passés qui, dit-il, sont toujours invariables, comme il en a donné une des participes en *ant*, qui ne prennent jamais la forme adjective. Ces participes passés sont toujours construits, ajoute-il, avec le verbe avoir. Mais dans cette liste il y en a plus de la moitié qui n'expriment qu'un état, les autres expriment une action qui se porte sur un sujet à l'aide d'une préposition, comme *acquiescé, adhéré, compati, nui, souri, sévi,* etc. ; par exemple : *j'ai acquiescé à sa demande; j'ai adhéré à votre avis; j'ai compati à son sort; il a nui à son frère; elle a souri à sa mère; il a sévi contre les perturbateurs.* Les participes *babillé, bâillé, circulé, éternué, séjourné, rugi,* etc., ne peuvent s'appliquer ni à une personne ni à une chose, ce sont des états et non des actions qui se portent sur un autre sujet. Cette différence est essentielle à remarquer et c'est à tort que l'on confond ensemble tous ces verbes.

Les verbes d'action *directs* deviennent *personnels* quand l'action se porte sur la personne même qui la fait. Comme, *il s'est tué, elle s'est vantée, ils se sont loués eux-mêmes.* Le participe prend alors la forme adjective, parce que la personne a été le sujet de sa propre action.

Les verbes d'action *prépositifs* deviennent également *personnels* quand l'action qu'ils expriment se porte sur la personne qui l'a fait; comme, *il s'est nui, ils se sont souri;* ou quand le sentiment qu'ils indiquent résulte, pour la personne, de l'action même qu'elle fait; comme, *elle s'est plu à le contredire;* ou quand ils expriment un sentiment que la personne éprouve pour une chose ou pour une autre personne; comme, *elle s'est méfié de son ami; ils se sont joué de vous; ils se sont déplu à ce jeu.* Dans ces cas le participe doit garder sa forme temporelle, en dépit de l'usage contraire pour les verbes *se méfier*, *se jouer*, *se moquer*, parce qu'il y a dans ces phrases un sujet de l'action faite ou du sentiment éprouvé autre que *se*.

Les verbes d'action sont *réciproques* quand l'action est reçue par deux ou plusieurs personnes; comme, *s'entraider*; *s'entre-secourir*; *ils s'estiment tous deux*; *ils se sont déchirés à belles dents*. Le participe prend, dans ces cas, la forme adjective, parce que ces personnes ont été passives de l'action.

Les verbes d'état sont ou simples ou prépositifs, ils sont simples, comme dans *entrer*, *arriver*, *marcher*, *mourir*, *languir*, *pâlir*, etc., ils sont prépositifs quand ils indiquent l'état d'une manière plus précise à l'aide d'une préposition; comme, *courir après la fortune*, *pleurer sur le tombeau de ses parens*; *il soupire après le repos*; dans ces cas le participe garde sa forme temporelle, quand le verbe est précédé de l'auxiliaire avoir; comme : *elle a couru après la fortune*; *il a pleuré sur le tombeau de son amie*; *elle a sué de fatigue*. Le participe prend la forme adjective quand le verbe *être* précède le verbe d'état; comme : *elle est descendue de sa chambre*; *ils sont entrés chez moi*. Plusieurs verbes d'état deviennent verbes actifs *directs*; comme : *parler trois langues*; *répondre des injures*; *soupirer des vers*; *monter une pendule*, *un fardeau*; *peser un ballot*; *entrer une voiture dans une cour*.

Il y a aussi des verbes d'état personnels; comme : *s'accouder*, *s'accroupir*, *s'agenouiller*, *se prosterner*, *se repentir*, *se souvenir*, *se rengorger*, *s'en aller*, etc. Le participe dans ces verbes, prend la forme adjective; *elle s'est repentie*; *ils se sont prosternés*; *les prisonniers se sont évadés*. Le verbe

68

auxiliaire *être* précédant ces verbes, et ces verbes indiquant un état; ou si l'on veut une action qui ne se porte pas sur un sujet autre que la personne qui la fait, le participe est sous la voix passive et en suit la règle.

Les dénominations de verbes d'action et de verbes d'état *prépositifs* sont faciles à comprendre puisqu'elles offrent tout de suite à l'esprit l'idée d'une préposition qui suit nécessairement ces verbes, et qui les distingue des verbes d'action directs ou des verbes d'état simples. La dénomination de *personnel* appliquée à ces verbes est aussi facile à comprendre que celle de pronoms personnels. Celle de verbe *réciproques* n'est pas nouvelle, et nous la conservons, parce qu'elle est juste. Mais elle est souvent mal appliquée par les grammairiens. Nous avons déjà proposé de *substituer* la dénomination d'*uni-verbe,* verbe à une seule personne, à l'ancienne et absurde dénomination de verbe impersonnel. Du reste nous finirons par faire observer, comme M. Sauger, qu'en général on fait des verbes tout ce qu'on veut et qu'ils peuvent passer au gré de nos désirs et selon le besoin d'une classe à une autre. Par exemple *parler* qui est un verbe d'état, devient actif direct dans *parler une langue,* verbe actif prépositif, dans, *parler à une personne;* verbe actif personnel, dans, *se parler à soi-même;* verbe réciproque, dans, *ils se sont parlé.* Il y aurait beaucoup à dire sur ce sujet, mais il faudrait faire un traité.

FIN.

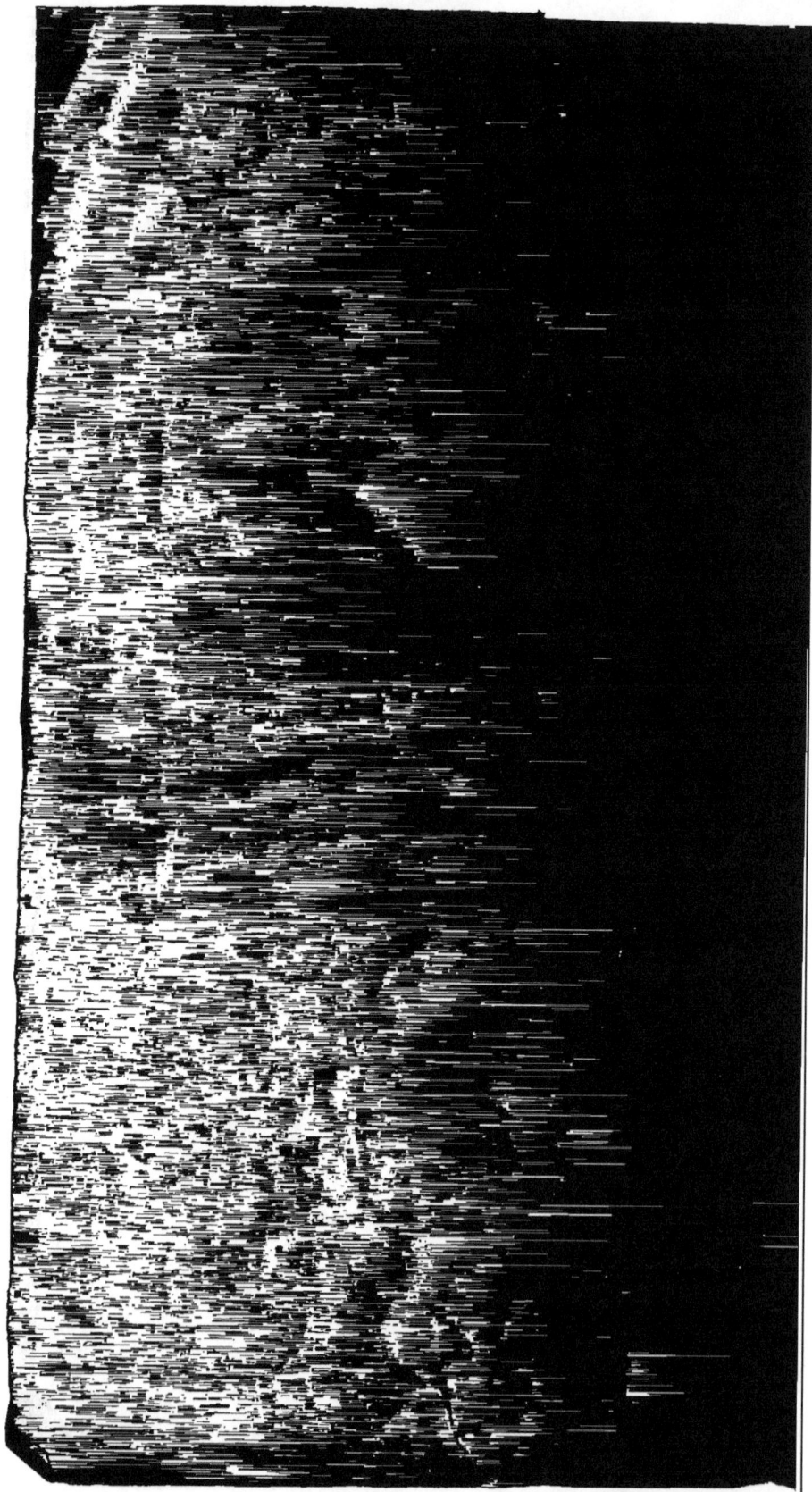

www.ingramcontent.com/pod-product-compliance
Lightning Source LLC
Chambersburg PA
CBHW070928280326
41934CB00009B/1784